秒赞

林桂枝 ◎ 著

文案女王20年
创作技巧与心法

中信出版集团 | 北京

图书在版编目（CIP）数据

秒赞：文案女王20年创作技巧与心法 / 林桂枝著
. -- 北京：中信出版社, 2021.3（2025.7 重印）
ISBN 978-7-5217-2693-0

Ⅰ.①秒… Ⅱ.①林… Ⅲ.①广告文案—写作 Ⅳ.
①F713.812

中国版本图书馆CIP数据核字(2021)第008827号

秒赞——文案女王20年创作技巧与心法

著　者：林桂枝
出版发行：中信出版集团股份有限公司
　　　　　（北京市朝阳区东三环北路27号嘉铭中心　邮编　100020）
承 印 者：北京通州皇家印刷厂

开　本：787mm×1092mm　1/16　　印　张：22.75　字　数：273千字
版　次：2021年3月第1版　　　　　印　次：2025年7月第28次印刷
书　号：ISBN 978-7-5217-2693-0
定　价：59.00元

本书所得个人收益将全部作为公益用途，在此感谢你的支持。

林桂枝是我的第一个老板，也是我的老师，我跟她学到的东西不只有广告，这本书也不只是教你写文案。

——《吐槽大会》《脱口秀大会》策划人　李诞

请不要把这本书误认为是随处可见的各类文案手册、速成宝典、招式大全。书中有对文案与广告传播原理的深刻洞察，介绍了大量实在可用的文案技法，更重要的是，桂枝清楚地讲透了这些"技法"背后的创作"心法"——让写文案真正"不难"的，正是这些"心法"。书里不光有鲜活的实例，更有桂枝亲自撰写的大量示范——同样是一句"限时下单，只需 8.99"，桂枝会告诉你，她会怎样来写。

——知名创意人、作家　东东枪

一直喜爱桂枝为"Norlha"这个品牌所写的文案，真是和产品和形象，甚至颜色都那么对味。虽说这是桂枝的老本行，但亦看到她在这一行的功力。难得桂枝愿意把一身功夫详细、引导、举实例地写下和大众分享。我们如今就活生生生活在一个"广告"世界里，从宣传的认同中我们可以更认识自己。这本书来得正是时候。

——电影人　张艾嘉

《秒赞》中有海量创意思维的捷径招式，可以现趸现卖。对于那些希望夯实基本功的文案，这本书中有必须学会的知识及磨练的方法。建议文案必读！

——奥美大中华区董事长、WPP 集团大中华区董事长　宋秩铭

林桂枝是一位专业的钻石切割大师，她的这本《秒赞》会将你打磨成一粒闪亮的钻石，让你从业余变成专业！这是一部难得的作品，也是我见过的最好的一本创意相关的书，值得所有文案仔细阅读。

——台湾奥美集团首席策略顾问　叶明桂

我会推荐身边所有做电商的朋友读这本书。因为这本书用最简单直白的语言和丰富的案例，揭示了一个容易被人忽略的本质问题：用户需要什么价值或服务？再结合桂枝多年对市场、消费者以及文案工作本身的深入理解，对刚接触文案与品牌的朋友来说，这本书无异于超强版武林秘籍，立即能用上！

——京东消费品事业部采销经理　李智

被誉为"文案女王"的桂枝把她在广告创意方面的深厚功力都沉淀进这本书了。这本书告诉大家如何当一个好文案，无论你是文案新手，还是高手，都可以在其中找到丰富的知识提高自己。这本书里有太多可以拿来就用的好例子，体验"文案不难"的妙处。我们都需要一本在手。

——滴滴出行市场总经理　王家杰

桂枝说，写文案能让人学会思考。同样，懂得思考才能写好文案。她在我心里，是一位文案大神，更是一位思考者。她常常能够抽丝剥茧，找到人心的线索，再以文字表达，勾人魂魄。视频时代时间更加碎片化，信息更加爆炸，要在复杂的信息里脱颖而出，对于捕捉人心的要求更甚。桂枝在这本书里提到如何让更多人看你的视频，她选择了一个直觉告诉她的词叫"direct"，同样也是对人心的敏锐捕捉。纵使形式千变万化，然而恒久远的是，心灵捕手能做出最好的表达。

——快手科技市场副总裁　陈思诺

能写文案的人很多，会写文案的人很少。文案需要一笔一画地积累，更要有前辈的言传身教。桂枝是我非常崇敬的文案大神，她的这本书里，不仅有高屋建瓴的品牌思考，还有看完就能上手的实战应用，手把手教你从一个标题、一张海报开始，培养出一个文案的思维，慢慢地让自己的文案一鸣惊人，一字千"金"。

——天猫品牌营销策略专家　颜祖

001

第 1 章　想要别人看你的视频，先看这 24 招

今天的平台与应用，与传统的电视、广播、纸媒一样，都仅仅是传播的渠道。真正的终极媒体只有一个，那就是我们的大脑。随机存取时代，无数视频与你的视频抢眼球。文案必须对终极媒体，也就是人的心理有更深刻的理解。不同的平台和应用有不同的特性，请选择适合的平台和应用与观众对话。

117

第 4 章　电商文案怎样写？这么做就对了

从表面上看电商是在大平台上面对千万用户进行推销，但深入想一想，我们会发现，用户其实是一个人拿着手机，一个人在看，一个人在挑，一个人问客服，最终一个人下单，整个过程与一个人进入一家实体店购买商品无异。电商售卖是一对一的销售，文案则是虚拟空间的销售人员，通过每句文案向用户推介商品。

149

第 5 章　写好品牌文案，前提是真的懂品牌

消费者认为品牌方提出的承诺是什么，便会对承诺产生一定的期待，一旦期待与承诺完美相遇，一个扎实的品牌便会逐渐形成。品牌不仅是商家的臆想，更是消费者创造的集体想象。好品牌都拥有神奇的魔力，让人们失去理智，甘心多付钱。创造品牌价值需要打造品牌文化和进行品牌推广。

秒赞——文案女王 20 年创作技巧与心法

目录

秒赞——文案女王 20 年创作技巧与心法

225

有的人是个萝卜，有的人是棵葱。沟通的前提是明理，明白别人与你不同。就算你不同意对方的观点，也必须理解对方的想法。专心聆听对方，用心观察对方。只有了解对方，你才能明白对方的烦恼，知道他渴求什么，向往什么。不要用你的经历代替别人的感受。每一段经历属于每一个个人。

235

太专注于事物本身，我们只会局限在事物的某一方面，时间长了人会变得麻木，甚至会陷入思维的死角，在狭隘的角落打转，找不到出路。情感、工作、人生、写文案，莫不如此。要打破困局，不妨换个角度重新出发。阻碍我们的不是事物，而是我们看事物的角度。

271

没有一句文案不与时代相关。这是文案工作者的"泛"时代，这意味着你需要补充市场学和宣传推广的知识，夯实基本功。这是文案工作者的"精"时代，你需要清晰锁定目标人群，决定自己在什么领域有所成就，并集中精力去做。这也是文案工作者的"快"时代，要做到灵活快捷，及时反馈。

285

今天，"简报"变得古老而陌生，其中一个原因是大家习惯了含糊。含含糊糊地开始工作，然后不停返工，不断增添原来没有提出的要求，加入从来没有参与项目的各色人等，在一片混乱中加班加点。如果你面对的是这样的状况，唯一的方法是改变。改变习以为常的"模糊"，从一份清晰的简报开始。

301

第 16 章　专业视频制作须知，20 分钟即学会

文案构思视频，必须具备时间观念。作为文案，在制作视频之前，要想好人设，设定视频的调性。视频的画面呈现在取景器内，而不在拍摄现场。一切围绕核心构思执行。文案在写的时候如果脑海中没有想象具体的画面，即使能写出来，也很难拍出来。最后，一定要重视声音的作用。

321

第 17 章　提案 7 宗罪，老实说你有没有涉嫌？

第 1 罪：铺天盖地都是字；第 2 罪：说什么就写什么；第 3 罪：迷迷糊糊，稀里糊涂；第 4 罪：观点论据互相找不到；第 5 罪：沉闷得让人呵欠连天；第 6 罪：复杂到让人想自杀；第 7 罪：只想给自己看。

无处不是术，无处不是道

东东枪

知名创意人、作家

《秒赞》是一本只有桂枝才能写出来的书。

对文案与广告传播原理的深刻洞察、准确理解，是一种即便是在广告从业者中也堪称稀有的能力，需要有足够的经验与长期的思考才能获得，而耐心地搜集样本、撰写示例，不厌其烦地细心归纳、认真剖析、诚恳表述，则更是很少人愿意去下的苦功夫。

好在有桂枝。她既有业界一流的深厚功力，又肯投入心血，把这些来之不易的经验与心得写出来。这本书因此变得珍贵。

请不要把这本书误认为是随处可见的各类文案手册、速成宝典、招式大全，我翻阅过不少那样的读物，坦白地说，那些作者中的大多数人自己都还没有正确地入门，他们总结出来的各类妙招也往往言不及义——好比你拿到一份名为《成为一线明星的 7 个秘诀》的秘籍，打开一看，里头的 7 个秘诀是："1. 要长相甜美；2. 要个性鲜明；3. 要才艺出众；4. 要造型独特；5. 要令人喜爱；6. 要保持神秘；7. 要制造话题。"这样的秘诀有错吗？没错。有用吗？没用。为什么？因为对表象的总结不能代替对本质的剖析，披一件羊皮袄学几声咩咩叫和克隆一只绵羊是截然不同的两件事。

这本《秒赞》不同。桂枝不仅在书中介绍了大量实在可用的文案技法，更重要的是，她清楚地讲透了这些"技法"背后的创作"心法"——让文案真正"不难"起来的，正是那些"心法"。所以，我觉得这本书有两种读法，你既可以把它当作一本效果立竿见影的文案实操指南、一本创作技巧大全，也可以慢慢品读，细细琢磨每一个招式背后的功法和道理，修炼自己的内功。

这是一本"术中有道"的书。无处不是术，无处不是道。而这些术、这些道，又都是凭借一个个真实、具体的文案实例和创作示范来讲清的。是的，这本书里，不光有鲜活的实例，更有桂枝亲自撰写的大量示范——同样是一句"限时下单，只需 8.99"，桂枝会告诉你，她会怎样来写。

但也请你一定不要错过书中那些每一句都闪着光芒的点拨——"每一个主观的人都希望用客观的方法来证实自己主观的正确""恐惧是欲望的天然伴侣""复杂比简单简单得多""多热闹的文案，也从孤寂而来"……很多句子都值得深思，不容滑过。

以前在桂枝身边工作时，她经常会来到我的工位旁，搬把椅子坐在一边，和我一起对着电脑屏幕，逐字逐句地讨论、优化文档——不只我，很多当时的文案晚辈都曾享受过这种待遇，包括李诞。后来，我曾跟一些无缘与桂枝一起工作的年轻同行提起这样的经历，他们大都露出羡慕的神情。而在这本书里，我又看到了那个不厌其烦、跟大家一起字斟句酌、偶尔一句话就帮你道破天机、顺手帮你增长几成功力的桂枝。

从这个角度来讲，这本书太像桂枝了。或者说，太像我认识的那个桂枝了——不废话，不客套，干净利落，踏实细致，热情真挚，棱角分明。

我一直暗自庆幸，当年刚刚进入这个行业时就在桂枝手下工作。我自己做文案这一行的"基本修养"，有一大部分是从桂枝那里学习到的。对我来说，桂枝代表了一种可能——我最早是从她这里看到，原来一流的创意工作者并不一定要招摇浮夸、不稼不穑、顶花带刺、张牙舞爪、高谈阔论、怪状奇行。

还是开头那句话，《秒赞》是一本只有桂枝才能写出来的书。这个世界上有很多出色的文案创意工作者，他们各有成就、各显锋芒、各领风骚，但是，桂枝是桂枝。

桂枝的文案之道

宋秩铭

奥美大中华区董事长，WPP 集团大中华区董事长

桂枝离开奥美后每次与她吃午饭，她叫菜总是很随便，看一眼就下单。一个不在意点什么菜的人，可能心思都用在别的地方，用在她自己认为更重要的事情上了。

不知道这本书是不是她重要的事情之一，反正我没想到她会写一本文案工具书，更没料到她会列出那么多条目和句式。这不像她的风格，好像也违反了她的一贯宗旨，因为她内心一定不会认同写文案是靠套句式。读毕这本书，我终于明白她为什么这样写了；她在书中反复强调：要让产品的承诺与对方的渴望完美相遇。

今天的人们喜欢吃快餐，渴望写文案可以变得轻松一点，所以这些条目自有存在的价值。社会与科技变革的速度实在太快了，文案在追赶变化的同时，都逃不了一些感同身受的现象，那就是速效主义——什么是热点，谁正是网红，谁带货最管用。回到品牌经营的角度，速效主义可以赢得短时间的博眼球，却不是建立品牌的长久之道。

话虽如此，文案面对排山倒海的工作，确实很难有富余的时间安静下来踏踏实实去思考与提高。这本书里提供了不少具有创意思维的捷径招式，可以现蒸现卖；对于那些希望深耕、夯实基本功的文案，书里也提供了大量必要的知识以及磨炼的方法。还有很多值得琢磨的短句子，亲切而有趣，星星点点说出文案的精髓，我相信，这是作者写得最愉悦的部分，也足见桂枝对文案的理解与热爱。

吃什么你就是什么。桂枝对思维的营养补给一点都不随意，我在书里就看到她引述奥美的罗里·桑泽兰德的话，感受到她浸润了国外市场学专家的思想，当然还有她个人的感悟和多年实践的经验。

文案不难，这是她由衷的话。热爱加上正确的方法，一定不会难。这本书将赋予你掌握文案之道的捷径，至于是否热爱，就看你自己了。

从新手到高手，就看这本书

叶明桂

台湾奥美集团首席策略顾问

林桂枝，奥美的王牌文案，业界的红牌创意，同时也是职业队的正牌讲师，这本书是她的杰作！

《秒赞》是难得的作品，是我见过的最好的一本与创意相关的书，值得所有文案，无论新进老练，仔细阅读。它的特点：

第一，节奏感。

内容丰富，所有文案该知道的学问都有。按部就班地介绍各种文案的内容是什么，如何做以及为什么这么做，全是一位经验丰富的师傅才有的心得。

第二，易消化。

业界许多精英也许经验丰富，满腹知识，但根本不会教导，只会指导，虽然能写一本标准作业手册，却无法创作一本好消化的教材。只有懂得如何教的资深老师，才能将复杂的实务化为简单易懂的知识。

第三，多细节。

专业就是在一个领域有比一般人更精致的想法与做法，而《秒赞》充满太多"知难行易"的专业细节、数不清的范例、讲不完的故事，来自一位长期在第一线真正将项目落地的资深文案。

一个未受过专业训练的文案，即使具备才情，也只是一个未被精细切割的钻石矿石，终究还是一块石头。林桂枝是一位钻石切割大师，通过研读她的书，你会被打磨成一颗闪亮的钻石，从业余变得专业！

好的指导让你走得更远

邓志祥

奥美大中华区前创意担当

香港中文大学广告硕士课程导师

写嘢其实无得教。这句广东话，是我的口头禅，意思是：写文案，其实是没法教的。

为什么？因为，心中没有，笔下也不会有。文字技巧可以学，但洞察却要靠自己。我常说，做创意要有游戏的心，什么都觉得有趣，才会投入；抱海绵效应的态度，才会对周遭的人和事有好奇心，才会吸收到新或旧的事物。所以，重要的事情再讲一遍：海绵效应，游戏的心。

写文案除了没法教，基本上也没人教。1978 年我入行的时候，创意大头都是外国人，其他的本地资深人员也忙，顶多会看一看你写的文案，筛走一下沙石，绝少时间会帮你分析概念和切入点。而事实上，也没有什么好分析的，因为我早期负责的工作，不外乎是将美国运通信用卡的会员通知由英文译成中文，就像我当时的名片所示，我就是一个中文撰稿员。

虽然当年的奥美是一家极重视培训的广告公司，但所有的案例都是英文的，对我这个初入行、英语能力半桶水的人来说，这些培训只是杯水车薪。

今天，你们都很幸运，既有不少的中文案例，又有资深而又出色的创意大师，将毕生功力编写成书，不吝所学与大家分享。假若当年我能够看到这些工具书，成绩也不会止于此。

写文案虽然难教，不过通过这本书里好的指引和启发，再加上耳濡目染，一定能让你得益。

——广告已经唔识我，我已经唔识广告的 CC Tang
（广告已经不认识我，我也已经不认识广告的邓志祥）

让人秒赞的好文案，看完就不难写

致读者

怎样能写出好文案？有人说靠灵感，有的说要有天赋，更有一些人说，写文案，根本不存在任何方法。

我以为上述看法全部是误解。写好文案，是有方法的。

无论你不知道要写什么，继而不清楚该怎样写，还是感到自己写不好，或不懂得如何才能写好，这些问题都可以解决。只要找到正确的方法，你一定可以写好文案，当好文案。

对于那些只希望学会怎样写文案的人，本书会超越你的期望；假如你不满足于学会怎样写，而是对自己有更高的要求，那么此书对你可以说是最为合适的。

这里呈现给你的是我个人在国际顶级广告公司当创意主管和首席文案多年的实践心得，囊括了各种写好文案的心法与技巧。

假如你想赢得秒赞，在经济报酬和工作满足感方面有所收获，那么就让我们马上开始，用上好方法，写出好文案。

记得有一回客户问我：桂枝，你的文案是怎样写出来的？我说，多年来我就靠这三个字：写呀写。写呀写有几重含义，第一是不否定任何想法；第二是让这一遍的写，为下一遍做好充分准备，累积知识与技巧；第三是靠写呀写换取经济报酬，偶尔收获超越金钱的快乐和满足感。

社交媒体文案、视频文案、海报文案应该怎样写？

我写本书的其中一个目标是希望它能成为你的案头工具书。因此，我在社交媒体文案、视频文案、海报文案的章节中使用了大量的例句。这些例句，与其说是应用方程式，不如说是写文案的创意酵母。我建议大家在阅读的时候可以相互借鉴，互换每个章节的实例。例如，社交媒体的例句可应用于电商海报，视频文案例句的思路能转化为社交媒体标题，不需要对号入座。每当你思路闭塞，临近交稿的时限之际，不妨随意翻翻，或许能从中得到启发。

什么是文案的基本认知？

写文案跟做其他事情一样，必须对事物具备基本的认知，正如我们从事商业推广文案的人，第一步需要知道什么是品牌。

品牌是否等于一个 Logo 加一句口号？品牌是否就是商品？我们应该如何认知产品思维和品牌思维？认知品牌如何帮你站得高看得远？对于成天忙碌而写不出文案的电商小店掌柜，可以怎样建立品牌，实现梦想？我希望看完有关品牌的章节，你可以获得当文案的底层思维——知道什么是品牌，学会讲品牌故事的方法，从而有更深刻的认知，思考自己从什么地方出发，通过文案能将品牌带往何处。

除了品牌这个大词，当文案的还有一个基本面不能不思考，那就是到底什么是文案，文案的工作本质是什么？我给大家的不是纸上谈兵的假定和建议，也不是教科书式的教条，我只是通过多年做创意及写文案的经验，告诉你什么是文案，什么人适合当文案，甚至怎样可以成为好文案。只有理解文案的本质，才能看得一清二楚，排除工作中不必要的困惑。

修炼内功你需要什么心法？

从第 8 章到第 14 章是内功心法篇。我建议希望升维的朋友从灵感一章开始阅读，看完后你会知道灵感到底藏在哪儿，如何通过刻意练习做到灵感如泉涌。

从心语一章中，你能学会如何培养工作的好习惯，用最高效简捷的方式写文案。

沟通技巧章节为你阐述浅显易懂的沟通之道，从怎样跟人聊天到如何轻松写文案，篇幅不长，却希望你能举一反三，将这些方法应用在自己的工作当中。事实上，文案就是日常对话，不需要华丽的辞藻和刻意的堆砌，了解并尊重对方是沟通的有效办法，也是写文案的好方法。

我一直认为写好文案的大招是学会从不同的角度思考，四两拨千斤。我在思维升维一章中举出了好些例子，只要加以融会贯通，我相信能帮助你在工作中做到游刃有余。

Kiss 的要义是删除多余，只要最好。这项文案执行面的基本功不单有利于写文案，应用在生活中，同样有益。

洞察是培养文案思考力的基本功。洞察也是个大词，书中说明的是宣传推广的洞察，你可以从中学会必要的元素，在案例中学习如何从大数据收获洞察，写好文案，水到渠成。

时代效应章节中提及了品牌广告与直销广告的区别，希望能对一些宣传的基本认识做一番理解，加上对今天这个时代的一些个人观察，令大家明白好文案必须依附于时代，并驾驭这个时代。

好文案必须拥有什么工具？

虽然许多人在工作中不再使用简报，我却认为简报不可或缺，应该更受重视。没有在第一步使用简报理清思路，是反复修改、加班加点，甚至工作灰心丧气的根源。先解决写什么，后琢磨怎样写，是我多年以来坚持的工作原则；用好简报，是少走弯路的前提，更是轻松写文案的基石。本书附上 4A 广告公司的简报模板，同时将其提炼为互动方案和电商文案版本，方便你拿来即用。无论你要写哪一类文案，我建议你必须回答简报中的问题，用好此工具。

今天，视频制作越来越普遍，书中相关的章节写下了大家应知应会的知识，例如文案常会遇到的画面感问题、时间的掌控、拍摄前期的须知、预算与调性的把握等等。这些内容都是实操指南，需要拍视频的文案都能用得上。

多年来我看到不少人因为不懂得提案技巧而白白吃亏，令工作成果无端大打折扣。假如大家最近有提案，不妨参考最后一章的提案要领，再看看总结的提案 7 宗罪，让自己精心准备的工作收获理想的结果。这一章的建议看上去浅显，但事实上，越是基本的东西应该越浅显，而且更应加倍重视。这一章的内容轻松易读，是文案必备的工具之一，更是唾手可得的提案妙招。

　　总而言之，我在本书中分享的是我过去写下的每一笔积累的成果。假如我多年的写呀写能帮助你获得"秒赞"，我定将感到荣幸与欣慰。

　　　　　　　　　　　　　　　　　　　　　　　林桂枝

"真正看见始终是内在的事。"

——乔治·艾略特

第 1 章

想要别人看你的视频，先看这 24 招

————————

我总觉得世间的人和事都有一种特殊的财富，这种财富不是物质的，而是语言符号。例如，猪八戒的财富是"尘世"，"这厮"是西门庆的专属资产，"那厮"归薛蟠所有，莫扎特拥有"金扣子"，大葱拥有"薄衣袖"，虾饺永远在"微笑"，我的已故好友墙先生（Mr. Wall）人如其名，是拔地倚天的一道墙。这是我自己没事找乐子，并让我浮想联翩。

还有，我觉得"拇指"这个词属于手机，而手机中的视频有一个英语单词叫"Direct"。这种游戏似乎来自我的直觉。只是从直觉出发后，又能从中发现若干理由，好像是受到理智与逻辑的驱使。到底是直觉的感性还是逻辑的理性，已经分不太清了。

英语单词"Direct"高度概括了视频的方方面面。

作为动词，Direct 有直达、直接、不拐弯的意思：

- 视频让一切来得直接，立现眼前；含蓄已成过去，委婉不在今天。
- 视频让我们直接得知家事国事天下事，直接学会原来不懂的，径直消磨光阴，从视频中直接观察商品的每个角度，决定是否下单。一切直接不拐弯。
- 人人都能简单直接秒拍自己与身边的事物，不需要中间人便能即时传遍世界。

作为名词，Director 指导演和主管：

- 手机的拍摄功能与各种软件，令视频拍摄变得日益简单，人人都能当导演。过往导演是稀有物种，今天的导演如满天繁星。
- 人，不仅导演自己的视频，更主导自己在世界上的角色。相貌普通的女生成为流量 UP 主，在镜头面前从丑变美；素人小伙子试吃各种稀奇的进口海鲜，便能赢得无数掌声。

查看《牛津英汉词典》，我们可以找到 Direct 这个单词更丰富的含义。这些词义不仅与时代息息相关，更提醒我们写视频文案的关键点。

视频文案关键点

直接、中间没有其他因素——你必须知道谁在看你

千百万的点击量是由千百万人一个一个累积而来。每个人都是单一的个体。你发布视频，他看到，中间除了审核的环节，几乎没有其他因素阻碍你与观众的沟通。视频与观众之间的关系是直接的，面对面的，一对一的。

你与观众一对一的关系意味着观众就在你的眼前，你必须看清楚对方。

- 他是谁？
- 他心里在想什么？他到底需要什么？

针对、对准、指向某一目标——你必须知道对方内心渴求什么

平台采用大数据有针对性地推送内容，实现精准营销与推荐。对象精准，视频主就可以创作更适合观众的内容。在写视频标题的时候，

大家便是你我他，要从大家中分出你、我、他。

我们需要考虑：

- 对方想要什么，你可以如何满足他的渴求？
- 他需要解决什么问题，你可以为他提供什么方法？

直率、直言——你必须让对方说话

Direct 时代，观众的反应直接坦率。他们会以任何形式点评和议论，弹幕也好，留言也好，他们有话便说，而且喜欢互动。

从面到点，由浅入深，就是瞄准。

我们需要注意：

- 他对你的视频有什么反应？
- 以秒速的互动回应他。

兵贵神速，打胜仗不"快"就是"败"。

随机存取——你必须明白大脑这个终极媒体

手机像个包罗万象的视频存取一体机，你可以随时、随地存放与观看视频。手机里的视频数量如恒河之沙：社交媒体应用、新闻资讯应用、视频娱乐应用，还有吃的、玩的、穿的等垂直类应用。今天有快手、抖音、B站，未来还会有更多、更新、娱乐性更丰富的视频。

海量视频随机存取，里面却埋藏着一些朴素的道理：

- 无论平台有多少，新出的应用有多酷，请不要被数量与潮流吓倒。今天的平台与应用，与传统的电视、广播、纸媒一样，都仅仅是传播的渠道。真正的终极媒体只有一个，那就是我们的大脑。

- 随机存取时代，无数视频与你的视频抢眼球。文案必须对终极媒体，也就是人的大脑有更深刻的理解。

- 不同的平台与应用有不同的特性，请选择适合的平台和应用与观众对话。

除了我们的大脑，也找不出别的终极媒体了。

当即、立刻——你必须抓好第一印象

据说面试官一般在面试开始后的 40 秒内就会做出判断，决定是否聘用一个人。40 秒，决定一个人的前程！你的视频面临相同的命运，会被观众一眼裁决。人们瞄一眼视频，喜欢就接着看，不喜欢便直接跳过。看与不看，就看第一眼。

第一印象是你唯一的机会，你的第二次机会在下一个项目。

主管、导演——你的标题必须要与对方相关

信息民主化，令人们可以主导自己看什么，拍什么，传什么，每个人都是自己的主人，主管自己手中的信息。

我的生活我做主，人们变得更自我，更在意自己，更关心与自己相关的利益与事物。

在个人意识极度膨胀的今天，写出"与对方相关"的标题是视频文案的第一要领。

要为对方带来积极的改变，给对方益处，帮助对方变得更高、更强、更美，迎合个体的内心需求。

怎样写视频标题

说真话

《我很丑，可是我很温柔》是赵传的一首老歌，歌名用的就是"说真话"手法。歌手对相貌的自嘲，是把自己的真心交出去了。这种交流是一对一、面对面的。写视频标题，我们可以向赵传老师学习，不务虚，说真话。

例如，网上一位美食 UP 主写了一句这样的标题：

豆汁难喝到连北京人都不喝，来晚了却没得喝！

把观众当作哥们儿，才会说出豆汁难喝的真心话。观众看见这样的标题，会因为这种真诚而多看一眼。不好吃的不说香，不好看的不说美，有话直接老实说，是写标题的一个好办法。

例如，我们要介绍不起眼又不贵的零食，不妨以人们的真实看法为出发点：

有哪些大家以为 Low，却绝对美味到爆的零食？

"大家以为 Low"是以事实作为诱饵，美味的零食才是视频内容的重点。说出它的 Low，是一种真诚又真实的态度，这种态度甚至可以扩大到个人的状态与心情。

写标题像交朋友，不坦诚，没朋友。

- 我累了，今天给你做一个懒癌患者的鳗鱼饭。
- 我爸爸的地方风味的英文快把我笑死了！

世界并不完美，也不存在完美的人。UP 主感到累了，爸爸的英文有地方口音，都是事实。坦率说出真心话，对方会因为你的真诚而接受你的视频。

特写镜头

视频可以实现精准推送和营销。信息就像放置在无人机之中，能够从空中直接瞄准对方。既然目标更精准，我们便可以利用大数据，让对方感到视频与自己息息相关，不容错过。

在快手上我看到这样一条视频标题："显高的穿衣效果"。相信这条视频是推送给那些关注穿衣打扮的人的。让我们想一下，谁需要显高的穿衣效果？答案一定是那些身材比较矮小的人。

原标题：显高的穿衣效果

新标题：150~165 的女生怎样变高挑？

你觉不觉得原标题像是一个宽景镜头，里面隐隐约约有一群人站在露天咖啡馆前。由于取景太远，我们没法看清楚人群的特征。

新标题的叙述是把镜头从远处拉近，聚焦人群中的一位女生。用特写镜头，让我们可以近距离看清她，她上穿一件短上衣，下穿长筒裤，身材看起来很修长。事实上，这个女孩长得不高，只有 160 厘米。

假设一条打车软件的故事性视频的宣传目的是针对白领女性，推广该软件的安全性，标题是"女白领安全回家"。

这个标题的目标对象十分明确。我们不妨将目标再拉近，瞄准最需要安全护送的女白领。

谁最需要安全护送？是上班的女白领，下班的女白领，还是晚上加班的女白领？女性怕黑，晚上加班后打车，令不少女性感到胆战心惊，加上一些女性受侵犯的案件一般都发生在晚上，所以"加班女白领"比"女白领"更聚焦。

把镜头再拉近，再聚焦，把"加班女白领"变为"加班的白领小女生"。

原标题：女白领安全回家

新标题：放心吧！加班小女生 100% 安全到家了

将女白领改为加班小女生，是心理层面的推进。加班的小女生更弱小，路途中更需要安全保障。所以，女白领是远景镜头，加班小女生是近景拍摄。

新标题中的"100% 安全到家了"，用数字 100% 加强了安全性。语气上的修改更贴近观众的心理需求，就像拍一下对方的肩膀，叫对方安心、放心。

我发现广告视频经常会用一些比较含糊的标题。例如，一家保险公司投放了一条小孩教育保险金的视频，标题是"为孩子的未来教育做好准备"。这个标题的写法有点像远景拍摄，里面看到的是一群人，而不是对准一个人。

原标题：为孩子的未来教育做好准备

新标题：上幼儿园了，要准备好宝宝长大念藤校的学费！

一条教育保险金的视频，目标对象明显不是孩子，而是孩子的父母。许多家长在小孩进学前班和幼儿园的时候特别关注孩子的教育。所以，将标题聚焦为上幼儿园孩子的家长，是将镜头拉近，把远景变为特写。再把父母望子成龙、望女成凤，希望儿女进藤校的愿望点明，将焦点进一步拉近，使目标对象更生动逼真，就像看到家长们紧张兮兮的样子。

我们看到，原标题的目标对象是含糊不清的。"为孩子的未来教育做好准备"说的是产品提供的好处，还是劝告父母要为孩子未来的教育做好准备？好像两者皆有。原标题到底是跟谁说话，说什么话，文案没有考虑清楚。

看得更近，局部才能看得更真。

跟人说话沟通，不能目中无人，写视频标题更需要与对方近距离交流。好好看清楚对方是谁，他的特征是什么，再从他的特征推敲他的需求。

变变变！

奥巴马说："想要改变，我们不能等待别人，也不能等待时间，我们就是我们要等待的人，我们就是我们要寻找的变化。"

托尔斯泰说："人人都希望改变世界，却没有人想到要改变自己。"

我发现网上有无数有关改变的名人名言，看来"改变"真是人类永恒的课题，也是每个人内心的渴望。

- 扁头型三步变成高盘发！
- 30 变 13！基础妆容，变出个甜甜女孩！
- 蜗居变皇宫的绝妙好招！

"改变自己，成为更好的你"是改变句式的核心。使用这类句式，视频的内容最好与标题配合，出现前后对比：素颜变美妆，陋室变豪宅，短变长，胖变瘦，矮变高，小变大……就像我们在去屑洗发水广告中看到的前后对比一样，让对方看清楚前后改变的过程，令"变"成为视频的中心点。

如果视频内容没有前后对比，要想为对方赋能，带来正面的改变，我们可以这样写：

- 西餐礼仪，从不懂到十分懂
- 喝红酒，从外行到行家
- 弹尤克里里，从 0 基础到出道只需 21 天！

以上这种写法基本上是缩短改变前后的过程，以对比的词语让事情看起来更简单，如"外行"对"行家"，"新手"成"高手"，"台下"变"台上"，加上具体的事情即可完成标题。

改变的写法千变万化。以结果为导向，直接将对方希望改变的事情作为标题，同样简单直接。

- 必须变成迷人大眼睛！
- 一定要变成一个井井有条的人！

思维不变的人，不能改变任何事。

改变具有巨大的力量。以改变为主题能激励对方行动起来，带来积极的改变。如果你觉得自己需要做出改变，不妨用以上的句式进行练习，让自己先改变起来。

痛点与爽点

我们在生活中都会遇到痛点。什么是痛点？痛点是一个人恐惧、害怕、不被满足的需求和难题。

约的车已经到了家门口，赶着出门却偏偏找不到钥匙，这是我在日常生活中经常遇到的痛点。我觉得这个日常痛点可以替代视频网站中的物品收纳标题。

原标题：小物件收纳

新标题：治愈出门找不到钥匙的你

找不到钥匙不仅可以作为标题，更可成为家居收纳视频的创意内容，利用痛点，创作一个总找不到钥匙的故事。

许多人希望在家中养点绿植，却怕种不好，过不了几天便凋谢了。更有不少人觉得自己是绿植杀手，种什么死什么。这种畏惧心理，就是痛点。假如你想介绍各种好看好养的多肉植物，上传一条多肉绿植视频，你会怎样写标题？

原标题：多肉绿植

新标题：这样养多肉，绿植杀手变身绿植高手！

原标题不知道跟谁说话，既没痛点，也没爽点。新标题以"绿植杀手"说明痛点，用"绿植高手"阐述爽点，比原标题更吸引人。

痛点在我们的生活中俯拾即是，忘带手机、见面想不起对方的名字、忘记女朋友生日，这些都是我们在生活中最怕发生的事儿。我们可以就视频的内容找出对方的痛点，甚至可以就视频内容发挥创意，构思痛点。

例如，旅游达人介绍野外之旅的视频，标题不妨这样写：

交不起房租，到苍山睡帐篷去！

观众不见得真的交不起房租，可是这种构思出来的痛点有浪迹天涯的浪漫，与自然野趣之旅高度相关。痛点不一定是客观真实存在的，用虚构式的痛点构思标题，也是可行的思路。

爽点可以理解为观众从视频中可以得到的即时利益。雪碧的广告语"晶晶亮，透心凉"家喻户晓，当中的"晶晶亮"是产品特性，"透心凉"是爽点。三个字的并列结构，令这句广告语节奏明快。在英特尔的经典口号"给电脑一颗奔腾的芯"中，"一颗奔腾的芯"是英特尔赋予电脑速度的极致爽点，这种以用户利益为爽点的标题，是广告文案的经典写法之一。

爽点给予观众的利益，特点在于"爽"，"爽"的要领在于即时、痛快。

• 硬核洛丽塔装，A爆！
• 哎呀妈呀！这个酥皮蛋挞真是太酥啦！
• 大雪天吃热腾腾的羊肉汤，真香！

爽点的标题满足观众对利益点的直接要求，一针见血，立竿见影，干脆利落。"要干脆，别犹豫"，现在立马试试爽点的写法吧！

> **T** 想一想：痛点来自对生活入微的观察。看看对方有什么痛点，想想你可以如何帮助他。

居高望远

澳大利亚昆士兰旅游局的一则广告是全球的经典广告之一。2009 年昆士兰旅游局与 Cummins Nitro 广告公司一起策划，以招聘大礁堡的看护员为题，一年给出 10 万美元工资加一套海边别墅，在全球刊登豆腐块小广告。被录取的看护员每天的工作只需喂喂鱼和写一篇博客，而应聘者也只需要提供一段视频给昆士兰旅游局，说明自己是最佳看护员即可。这个小广告的标题吸引了全世界无数人应聘，而广告本身也被全球媒体免费报道，成为广告行业的佳话。

澳大利亚昆士兰旅游局广告标题：

世界上最好的工作

将目光放远，是让这个标题闪光的内核。我想，从这位文案的废纸篓里可能会找到以下标题：

- 在大礁堡上班年薪 10 万美元
- 每天写篇博客喂喂鱼的好工作
- 昆士兰旅游局招聘小岛看护员

上面的三个标题与"世界上最好的工作"在视野上完全不一样。"世界上最好的工作"给人广阔的遐想空间，令人向往，而其他三个标题显得目光短浅。我们不妨参考这种居高望远的手法，把生活中的点滴小事提升到更高的境界。

例如，我们要为一条可乐鸡翅的视频写标题，不妨这样尝试：

- 这可乐鸡翅，爱到天荒地老
- 吃过这可乐鸡翅，一生夫复何求

以上这两句将一盘可乐鸡翅放在人生的轨迹上，令人感到吃过这可乐鸡翅，人生死而无憾。我们也可以把可乐鸡翅放到世界的中心，在世界的中心呼唤它：

这可能是世界上最好吃的可乐鸡翅

如果我们介绍的不是可乐鸡翅，而是高端食品或享受，跟远大的人生拉上关系易如反掌：

尝过这鱼子酱，人生有什么不一样？

放远去看，也可以理解为美好的前程离你不远。许多教程类的视频可以参考这种手法。那些愿意天天学习的人，都有向上的心志，希望自己学有所成。

- 距离米其林 3 星，你只差学会这道法式薄饼

- 美丽人生，从这 3 分钟面膜开始
- 成为世界上最优雅的洛丽塔

这个方法的要领是告诉对方世界上没有小事，把一切事情拔高便可以变成大事，成就远大的目标。

低头去写，放远去看，文案不难。

威胁他

老一辈人喜欢在饭桌上对晚辈说："碗里的米饭要吃干净，要不然长大了会嫁个脸上长满麻子的丈夫。"这训示让我不自觉地学会了不能暴殄天物，要珍惜一切。长大后我才明白"脸上长满麻子的丈夫"是一种恐吓，而恐吓与威胁，原来是说服的艺术之一。

- 不懂得收纳，男朋友只好离你而去
- 自己的名字都写不好，谁会看得起你？
- 不吃苹果，你的身体会缺多少维生素？

"不这样，结果便会那样"，是威胁式标题的典型写法。"坏结果"是构思的出发点，可是结果坏到什么程度，需要好好拿捏。掌握不好分寸，会写出这样的标题：

床垫不吸尘，今晚有多少螨虫来睡你？

一条教人使用吸尘器清洁螨虫的视频如果用上这样的标题，会令一些女性反感，认为"多少螨虫睡你"是一种侮辱。家居清洁产品视频的观众大部分是女性，标题得罪了女性，等于用"坏结果"得到了"坏效果"。这些让人感到恶心的标题因为触犯了观众的底线而得到差评。那么底线到底在哪里？如果你对标题存疑，请写好之后马上发给其他人看看，听听他们的即时反馈，然后根据自己对用户的了解做出判断。

威胁式标题的另一种写法是直接说出忌讳之事，如"什么事情千万不能做"，虽然没有点明后果，坏结果却不言而喻。

- 面试不能做的 3 个小动作
- 吃生鱼片的 5 大危险
- 上抖音不能犯的一个低级错误
- 女友最受不了你干的一件蠢事

没有人愿意面试不被录取、健康受到威胁、犯错误、当蠢人干蠢事。从个人的行为出发，告诉对方不能做什么，如：不能说的一句话，不能做的一个动作，不能犯的 N 个错误。让标题关系到对方的健康、安全、能力、未来以及自我认同等，最终令对方产生危机感。这种手法的效果就像那个"脸上长满麻子的丈夫"一样，能在人们的心中留下深刻的印象。

危机是制造影响力的武器。

十分迫切

每一秒都有无数的视频上传，抢眼球成为所有 UP 主最大的挑战和使命。在观众刷屏的一瞬间使用"迫切性"句式加强文案的力度，有一种突然叫停的力量，迫使对方不得不看。

- 马上花一分钟赶走你的腰间赘肉！
- 立即学会这 3 个超实用英语单词！

练肌肉、减肥、运动、学语言、学乐器、做饭等都需要行动，使用"马上""立即""即时""立刻""现在""赶紧""就地"这些词，可以让对方感到事情迫在眉睫，恨不得马上行动起来。

此外，我们还可以借鉴广告促销的常用句"数量有限，欲购从速！"做句式变化。"数量有限，欲购从速"的精髓在于"不错过"。如果不赶早，来晚了就卖光了，晚一秒你便后悔了！

- 晚一秒不这样穿你就 out 了！
- 眼影这样画越早知道越漂亮！

"早一点"便成功，勿失良机，希望你也抓紧机会学会"迫切性"句式。

T 想一想：你会怎样写，让对方感到"错过了就后悔一辈子"？

这怎么可能

人对不可思议的事情感兴趣是天性。夸张一点的有外星人、超能量，务实且接地气的包括那些让我们感到惊叹的生活小事。事实上，"这怎么可能"是广告常用的套路。广告中的主角会惊叹方便面怎么可能有如此美味的真正牛肉块，酸奶怎么可能味道像炭烧咖啡，怎么可能有机器人把家打扫得干干净净，妈妈怎么可能年轻得与女儿像姐妹?!

使用"这怎么可能"的惊叹句式，我们可以用"投入与收获不成正比"作为切入点。

- 花300元，家里白白多了间阳光房！
- 20元做一顿晚饭，10分钟内全家抢光！

投入少量金钱可以换作投入很短时间或是很少功夫，例如第一个标题可以变化出以下的写法：

- 只花一个周末，DIY一间通透阳光房
- 毫不费力，家里白白多了间阳光房！

强调低投入的同时，标题也可以凸显丰富的收获。

- 没买烤箱，做出惊艳宇宙的流心抹茶派！
- 用中午叫外卖的预算过奢华生活！

运用"这怎么可能"的广告思路，我改写了一些视频平台的标题，感到这种写法十分简单易用，写的时候加上对"难以完成的使命（mission impossible）"的惊叹语气便可以。

原标题：擦玻璃

新标题：居然不花一分钱玻璃擦得闪闪亮

原标题：护肤法
新标题：你从来没想过的 1 分钟护肤秘诀

原标题：糖醋汁
新标题：1 种糖醋汁竟然能配 20 道菜！

　　如果事情本身让人感到出乎意料，例如视频内容是狗狗舍身救海豚，或是一个人一口气吃掉 10 个汉堡，那么在描述事情本身之外加上一句"这怎么可能"或感叹号便已经足够。内容为王，包子里面有好馅还是很重要的。

> **T** 想一想："这怎么可能"还有什么表达方式？马上用在你的标题中。

先人一步

　　小时候我最爱玩跳棋。找到一条能连续跳，一下子能进入对面阵地的路线，我会兴奋半天，那种快乐真是难以形容。跳棋的原则是快，在游戏中追求以最少的步数，全部占领对方的地盘。

　　从古到今，人们都希望先人一步。谁不喜欢比别人走得更靠前，掌握先机呢？

- 30 种秋冬叠穿，让你提早遇见！
- 开春最流行的风衣，系腰带！
- 此刻预见今冬唇彩

美妆或服饰类的视频，潮流是关键的因素。用先人一步的写法，可以让人感到走在时尚的最前方。例如，在冬末上传春天的衣饰，夏末提早展示秋冬毛衣，标题用"提前""提早""预知""预见""预先""领先""抢先""早一点知道"，让对方感到自己先知先觉，预见潮流。

"先人一步"的句式还可以这样变化：

- 还没开锅就香得一塌糊涂的一锅鲜！
- 还没参赛，先唱嗨全场！
- 这麻辣烫，还没麻辣，先馋了！

事情一般有先后，把后面发生的事情前置，如未开锅先闻到香味四溢，还没到冬天先感到温暖，天还没黑已感受到次日的光明，这些都可以说是修辞手法。古文有"才一相思便成永诀"，类似的还有一首流行歌曲中唱的"未曾分手已想念"，都具有先后置换的意蕴，值得借鉴。

让"未来提前到来"，到了未来还要提前。

世上无难事

人人都有向上之志，同样具备的还有畏难之心。在标题中把事情的门槛降低，告诉对方事情没有想象中的困难，让观众感到小小个体可以成就非凡，这种正面激励的视频标题写法，既简单又有效。

我在某视频平台看到这样的一个标题："做提拉米苏"。这种写法没有错，只是比较生硬，缺乏交流。做蛋糕点心，一般人都觉得难度大，不容易做。采用"世上无难事"句式，可以改为"毫不费力做出提拉米苏"，降低了门槛，进来看的人自然会增多。同样，以"油焖大虾"为标题，不如改为"超容易的惹味油焖大虾"。

将难事变为易事，更可采用时间量化的方式。

原标题：印尼炒饭
新标题：3分钟学会喷香印尼炒饭

原标题：学签名
新标题：2分钟学大人物一样签名

原标题：吉他教程
新标题：3分钟学弹吉他，弹首情歌送给她

印尼炒饭的标题用"3分钟"降低门槛，再加上"喷香"二字，增加食欲，新标题令炒饭变得更香，做起来更加容易。2分钟学大人物一样签名，不仅降低了难度，更带有令人向往的目标。吉他教程的改写使用了时间维度，化难为易，同时赋予利益点，让标题与对方的生活相关。学会吉他，更容易讨女生喜欢，如果在课程的设计上配合一些情歌演示，那便更完美了。

写视频标题与写广告文案一样，需要对生活多观察，平常多练习。

世上无难事，是方法又是座右铭。

当个知音

你永远要想着坐在你对面的那个人，他在看你的视频，听你的讲话，读你的标题。你要懂他，明白他，当他的知音。用"知音"句式写标题，就是与对方靠近，将话吹进他的耳根。

- 你的体形够标准吗？
- 会不会觉得自己的腰有点不够细呢？

用以上方式诚恳对话，比用"瑜伽教程"或"修腰有氧运动"作为标题更亲切，更吸引人。

我们可以将生活中的各种难题真诚地提出来，例如对体形、发型、五官长相不满，家里房子的面积太小，工资低，假期少，孤单寂寞，前途渺茫……用知音对话的方式真心去说，通过视频的内容真诚回应。

- 钱不多，想换个新形象？
- 天天想菜谱，是不是太烦心？
- 只有 1000 元 +3 天假，上哪儿玩个痛快？

知音的标题写法是广告文案的经典手法。一个卖酵母的老广告曾经这样写：

穿上游泳衣，你看上去是左边还是右边？

广告的图片显示左边是瘦高的女生，右边是丰满的女生的泳衣照。

下面的副标题简单直接：

体形不够丰满，记得要用含碘酵母哦！

几十年前，西方社会认为过分骨感的女性不性感。那个年代，人人都想增肥添肉，性感得像玛丽莲·梦露。这个酵母广告的文案就像是消费者的好闺密，以贴心的问题展开对话，轻轻松松，达到销售目的。

人情冷暖，世态炎凉，天下何处觅知音？谁不希望身边有个知音，听些贴心的话。用这种方法写标题其实不难，体贴一点，多为对方想想就可以。

> **T** 想一想：如何用知音的方式改写别人的标题。

悄悄话

"嘘……"

"千万不要说出去。"

"这件事别人不知道，我只告诉你一人。"

我们都听过悄悄话，也跟人说过悄悄话。只有彼此关系密切，我们才会与人私下偷偷说几句体己话。说悄悄话是为了不让局外人知道，而且，事情有一定的重要性才需要保密。所以，用悄悄话的方式写标题，第一可以拉近双方的距离，第二是让事情看起来更重要，当人们感到事情至关重要，自然希望看看到底发生了什么事。

- 嘘，偷偷告诉你怎样做蛋挞
- 千万不要告诉别人，围巾这样结才好看
- 世界上没几个人知道蜂蜜可以这样美容

以上是想象对方就在自己身边，用跟对方说悄悄话的方式写标题。叫人不要说，人家往往更喜欢把消息传出去，现实生活中是这样，网络世界里也一样。事情不分大小，从蒸鸡蛋羹到全球局势，秘密与内幕永远是人们喜闻乐见的。

- 蒸鸡蛋羹0蜂窝的真正秘密
- 春节成功见家长的一大秘密
- 超级歌手发声的独家内幕

用说悄悄话的方式写视频标题，等于分享一个公开的秘密给对方。秘密为什么会是公开的呢？我们现在不去深究。只是有关这种写法的秘密，请你千万保密。

越是秘密，越多人知道。

考第一

- 全球最多牙医推荐的牙膏
- 全欧洲设计师最爱的椅子
- 全世界最多妈妈信赖的奶粉

上面是广告文案常用的背书式写法。这种写法背后的道理有点像我们挑餐厅，通常会挑一家食客最多、人气最旺的。深入想想我们就会明白，各大线上平台的"人气"也基于同样的道理："别人都这样挑，一定错不了！"

这种从众心理的核心是"社会认同"。最多人用，最多人信，最多人喜欢，最受欢迎，就是最被社会接纳的，也是人们认为最好的。

路边的那家小面馆确实做得比别家好吃，而且整洁卫生，价格合理，所以客人最多，最受欢迎，这是合理的结果。然而，很多人相信的事情却不一定都是真理。例如，中世纪无数西方人相信巫术，以为放血是治病的良方；当时的人们认为地球是宇宙的中心，以至把提出异议的意大利哲学家布鲁诺活活烧死，这些都是基于社会认同的恶果。

我们不在这里讨论"社会认同"的利弊，只要求大家认识到文案标题是基于大众心理而写。如果懂得利用这种心理效应，进而使用"名次"的方法，标题便能收获一定的效果。

- 世界 3 大潮鞋，你也来试穿！
- 韩国美妆大赏 No.1 的绝美口红，好美！
- 新加坡销量第一的肉骨茶，太好吃啦！

告诉人们事物得到的认可和排名，会加强认可度。然而，不是每一段视频标题都可以参考上面的例句。假如客观上不具备这样的条件，我们可以利用文字的魅力进行加工：

- 最受儿子欢迎的家常菜第一名
- 年度咱家最火爆的火锅蘸料
- 郑州金水区的冠军粉蒸胡萝卜

· 荣获 3 单元 201 全年美食大赏的炸酱面

得不到国际大奖、国内冠军，可以得小区第一、家中之冠，又或者是最受儿子、女儿、男友、公公、婆婆欢迎的奖赏。"荣获 3 单元 201 全年美食大赏的炸酱面"是自己颁发给自己的荣誉，"咱家最火爆的火锅蘸料"也是自我认可，自己为自己喝彩是一种积极的人生态度。

小范围第一，人们往往会忽略范围，只在乎第一。

考第一需要天时、地利、人和，以及个人的不断努力，然而写视频标题获第一却可以轻而易举。用名次标题提高内容的含金量，是一种不错的写法，简单好用。

看别人，说自己

我曾经在一家服装店当过一天义务售货员。当天下午来了大概 10 位女顾客，她们都是从附近的瑜伽班下课后过来的，有点像个小型旅游团。我发现只要其中一位女士试了一条围巾，其他人都会拿起这条围巾看一看，摸一摸。这群瑜伽课学员很舍得花钱，当天的销售额达到了 20 多万元。店里有 70 多款产品，她们只买了其中的 16 款，其中有几款单品，同款同色的售出了 10 条以上。

一个人买了，别人便会跟着买，最后成功交易的单件货品往往会带来更多的交易。"别人都这样挑，一定错不了！"可以很好地解释这种从众心理。这是市场学中常被提及的"群体效应消费行为"。

从群体出发，我们可以演变出以下的视频标题写法："看别人，说自己"。这种写法聚焦别人怎样看，运用群体来建立自己。

- 300 万粉丝都爱死的一件毛衣！
- 地球上所有成都人都超赞的辣子鸡！
- 宿舍 100% 女生都喜欢的小摆设
- 这小猫咪，100 万人看哭了！
- 99% 的女生都说帽子这样戴才有个性！

利用群体说服，要调动群体的元素，如 100% 或 99.9% 的妈妈、爸爸、父母，或者使用"看过的""尝过的""吃过的""见过的""试过的"所有人。可以从地域入手，如上面跟辣子鸡相关的成都人；更可用粉丝数量或是数字形成虚拟群体。

上面的例子集中写群体的反应，而不点明后面的结果。我认为如果加上结果，标题会太累赘，所以不说比说效果更好。我们可以看看以下的说明：

- "300 万粉丝都爱死的一件毛衣！"，紧接着应该是："你还不赶快试试！"
- "地球上所有成都人都超赞的辣子鸡！"，下一句是："不管你是不是成都人，都要看过来！"
- "宿舍 100% 女生都喜欢的小摆设"，看过后女生会想："好可爱哟，我也想要这个。"
- "这小猫咪，100 万人看哭了！"，潜台词是："你又怎能不看呢？"
- "99% 的女生都说帽子这样戴才有个性！"后面不用写的一句是："难道你不想有个性吗？"

别人都这样，所以你也应该这样。世界上 95% 以上的人都爱模仿，所以用群体行为来促使对方行动，相当有效。

让他得到

我是谁？这个问题还是最好请教一下别人。

写广告标题，我们常会用一个市场学词汇，叫"消费者承诺"，意思是消费者将从产品的功能和特性中获得什么。例如，吸尘器的无线功能让消费者操作更方便，食用无公害的蔬菜更安全、更健康，更优质的羽绒服令消费者感到更轻盈、更保暖。

写视频标题的时候我建议大家想想这个简单的问题："看完这段视频，对方会得到什么？"

你的视频是让对方学会一样本领，听到一首好歌，开开心心笑一场，知道哪里有好吃的，还是明白了一些道理？

视频标题最基础的写法是写出你的承诺，例如：

- 让你迷倒众生的 10 分钟枯果妆
- 此汤一出男友必哭！
- 开心点！看这小狗打喷嚏，笑死啦！
- 惊不惊喜！唱完这首歌，她说我宣你！

承诺是个大框架，需要进一步深耕。如果单单写承诺，不加修饰，会显得单调，缺乏说服力。我们用上面的例子说明：

  浅层写法：学会枯果妆
  深入写法：让你迷倒众生的 10 分钟枯果妆

浅层写法：男朋友会喜欢这碗汤

深入写法：此汤一出男友必哭！

浅层写法：这小狗打喷嚏好玩

深入写法：开心点！看这小狗打喷嚏，笑死啦！

浅层写法：用这首歌赢得爱情

深入写法：惊不惊喜！唱完这首歌，她说我宣你！

我们比较一下上下两种写法，就会明白善用文字的力量十分重要。浅层写法与深入写法的区别在于后者多下了一点功夫。

人类从远古的狩猎采集到今天上淘宝购买收纳用品，渴望"获得"的心理从未改变。写标题的时候给予对方利益，会更有说服力，收获理想的效果。我相信在帮助对方达到目的的同时，你的目的也能不费吹灰之力顺利达到。

让他得到，你也得到。

心里有数

我对物理学一无所知，却总希望对其有所认识，以帮助自己思考一些有趣的问题。我在网上找到一本好书，书名叫《七堂极简物理课》，作者是意大利理论物理学家卡洛·罗韦利。我被书名吸引，果断下了单，一口气读完后，感到此书浅显易懂，书如其名，教会我不少宝贵的知识。书名使用了我上面提到的"世上无难事"法则，用"极简"二字降低了门槛，以"七堂"这一数量进一步降低了难度。

大家在网上看看，会发现无数的经管类、人生励志类图书都以数字命名，比如：

- 《高效能人士的 7 个习惯》
- 《人生 12 法则》
- 《受益一生的 5 本书》
- 《关于幸福的 10 个误解》

以上这些畅销书的书名中都含有数字。数字真的那么神奇吗？让我们一起看看数字在文案中的作用：

- 令事情变得更具体清晰。3 只小猫比几只小猫明确，4 个男人比数名男士清晰……我们在生活中经常会感受到数字精确的力量。
- 凸显事物的重要性。人生必听的 10 句话，一生必去的 100 个地方，非典传播的 3 大途径……加上数字，事情会显得更重要，更值得重视。
- 增加权威性与可信性。洗手消毒看 3 步，宝宝补钙 3 重点，10 种高情商沟通法……数字令事情变得更可信，听起来更专业。
- 增加获得感。《高效能人士的 7 个习惯》明确说明是 7 个习惯，让读者感到只需要养成 7 个习惯便能收获高效能。哪怕没有看此书，都好像得到了习惯的奥秘。
- 引发好奇心。听到"一生必须要去的 100 个地方"，人人都想知道这些地方在哪里，谁都想去看看。数字，能引起人们的求知欲与好奇心。

比较下面这两个书名，看看有数字和没有数字的分别：

- 《关于幸福的误解》
- 《关于幸福的 10 个误解》

看到《关于幸福的 10 个误解》，会令人感到其中具备独一无二的见解，相当可信。"10 个误解"，能让人产生好奇并追问："到底是哪 10 个误解？""这 10 个误解，会不会包括我心里想到的那个呢？"如果不包含数字而只用《关于幸福的误解》为书名，会显得含混笼统，不够吸引人。

- 西餐礼仪须知
- 西餐吃得有教养，记住这 3 条

介绍餐桌礼仪的视频标题"西餐吃得有教养，记住这 3 条"将西餐礼仪总结为 3 条，让陌生的事情变得简单易懂，具备权威性，加强获得感。而使用"西餐礼仪须知"明显比较单调，没有具体的条目，让人感到空泛。

利用数字写标题，可使演示性视频清晰明确，起到降低门槛的作用，例如：

- 安全支付记住 2 句口诀
- 小狗洗澡嗨皮 3 步
- 微信录音这 2 种发声最迷人

数字为人定下规矩方圆，令对方轻松掌握最精要的内涵。运用数字表述，逻辑性强，简单直接，符合今天直接快捷的时代特点。只要一步一步跟着这些数字做就好了，就会有成果。运用数字写文案，不是新奇事物。数字的力量，古来有之。

- 饭后百步走，活到九十九
- 一天省一把，十年买匹马
- 一个篱笆三个桩，一个好汉三个帮

这些运用数字的俗语言简意赅，好记易懂。唐诗、宋词等古代文学作品中还有更多有意思的"数字文案"经典，意味深长。学会用数字写标题，写时心中有数，效果也必定成竹在胸。

> ▼ 想一想：马上数一数你手上有什么数字可以用在标题上。

爱问不会笨

我喜欢问问题。我宁可问题没答案，也不会放弃发问。什么都不问的人，要么是全知全会，要么便是一无所知。爱问的人不会笨，我不想自己笨，所以我总喜欢问问题。

以问题句式写视频标题，是个聪明的好办法。问句具有对话的性质，能让对方读标题如见面，感到亲切，更能引起好奇心。

UP主上传视频的时候，都应该思考观众的兴趣、年龄层、生活状态、对什么话题感兴趣、有什么烦恼、生活的痛点是什么、向往的是什么。

对这些问题的思考，跟广告文案对目标消费者的思考是相同的。写标题的时候想到这些，利用问句可以轻松写标题：

- 如何只花 30 元，晚餐营养好、颜值高？
- 少花钱，面试如何穿得十分体面？
- 怎能只花 3000 元，在泰国玩疯了？

从对方的钱包出发，想想怎样可以更经济实惠地帮助对方吃好、玩好、穿好，是大家经常做的事儿。除了缺钱，人们还经常感叹太忙、没时间。

- 如何 1 个月学会 10000 个超级单词？
- 怎样教宝宝 3 个月背 100 首唐诗？
- 如何用 10 分钟把眼睛画得美美的？

我们还可以思考对方的痛点，例如想吃怕胖，想学又怕懒，想减肥又怕辛苦，等等。

- 如何"少油低脂"做出超人气炸薯条？
- 怎样用一根绳 7 天轻松减 5 斤？

问得明确是源于设想对方就在你的面前，想他所想。用问题把对方吸引进来，视频的内容也需要对应标题，提供答案。

没问题是个大问题，问什么是核心问题。

迫切地问

每个人都有一些迫切希望知道答案的问题。举例来说，你看本书，迫切的问题可能包括：

- 如何 3 天就成为出色的文案？
- 有没有文案方程式，套上去就可以用？
- 标点符号是否也有规范，可不可以提供一个表格？

如果我能为以上问题提供令人满意的答案，我一定会将其公开。写文案，尤其是广告文案，需要不断练习与积累经验，不能一蹴而就。不过，写视频标题倒是有一些套路可以参考，"迫切的问题"便是其中之一。

- 夏天来了，怎样帮宝宝无毒防蚊？
- 一罩难求！用过的口罩如何保存？
- 有湿疹的皮肤不能天天沾水，该咋办？
- 鼻梁低，怎样化妆可以显得高一些？

人们对事物迫切关注往往缘于自身的处境，例如在炎炎夏日需要防蚊，生病需要治疗，有小孩的家庭特别关注婴儿和儿童的信息，这些话题都带有迫切性。想想对方迫切想知道什么，关心什么，便可将其作为视频内容，写好标题。

社会热点同样令人产生迫切的求知欲。我写这部分内容的时候正值新冠肺炎肆虐，市面上没有口罩，所以教人卫生保存口罩、做滋补

问得迫切像警钟响起，"啊！发生了什么事？！"

润肺的菜肴，都可以有效蹭热点。又例如人人都关注自己的外貌，都有对自己的相貌不满意之处，迫切希望知道如何改善。

标题问得迫切，视频回答及时，解了燃眉之急，对方必看无疑。

比较式问句

比较式问句是在句子中加入两个元素进行比较并发问，例如我看到过这样的标题：

- "用户体验"为什么比"付费广告"更厉害？
- 为什么"信用"比"流量"重要？
- 为什么成功的企业家"做运动"比"做生意"更要紧？

我们也可以把对比的元素放在一起组成标题：

- 这小阳台凭什么比大花园更雅致？
- 老家的泡菜为什么比满汉全席更令人垂涎？
- 小一居的高格调如何打败大豪宅？

对比的元素包括小对大、低对高、家常对奢侈、简单对豪华等。这种写法需要视频的内容有一定的含金量，能够形成鲜明的对比。如果视频内容不适合用对比词语，也可以讨巧一点去写，例如：

- 英式早餐为什么适合周末全天吃？
- 减肚子，为什么10分钟比半小时管用？

• 做面膜，为什么有蜂蜜比没蜂蜜更美？

第一句标题与视频可在懒洋洋的周日早上 11 点上传，发布时间配合标题与内容。后面两句的写法，可用于无数视频标题。"有什么"比较"没什么"，后面为与"好吃""好玩""好看""好听""更美""更香"类似的词语。另外，用"我"比较"你"或是"你"比较"我"变换句式，也是轻松写标题的办法。

写标题，一比就知道。

用"比较"手法写视频标题，比较简单，比较实用。

是与否

假如你的视频内容针对性强，那么"是与否"是相当可取的写法，优点是简单直接，一针见血。

• 你游自由泳是不是老呛水？
• 你做的面包是否发不起来？
• 你煎牛排是否控制不好火候？
• 你看谱子是不是老认不准音符？

无论是菜谱示范、运动示范，还是乐器示范，针对人们普遍容易犯的错误或是难以克服的困难，都可以使用上面的句式。只要标题提及的错误和难处具有普遍性，视频就能获得一定的点击量。例如，初学自由游的人往往容易呛水，做面包新手揉半天面团却总烤出石头似的面包，许多人煎牛排不懂得用中到高火，音乐初学者不能正确认出音高，这些全是司空见惯的难题。视频 UP 主可以想想对方的难题，针对难题写标题，让视频拥有中心信息，标题套用"是与否"句式即可轻松写好，并达到效果。

"是与否"还可以演变出"是否看过""是否听过""是否见过"的句式。当视频内容别出心裁、引人入胜时，用这种写法写标题，既亲切又达意，很是讨巧，也容易出彩。例如：

- 你是否见过猫咪诗人？
- 你有没有尝过瑞士名菜芝士火锅？
- 你知不知道揉揉肚子能轻松减肥？

"是与否"句式容易引人至更深一步的探索之中，有一种引诱的魅力。比如上面的句式中"你见过猫咪诗人吗？"与"你是否见过猫咪诗人？"是两句层次有别的话，加上"是否"更有诱导力，好像有一股力量，引领对方进一步探究。

"是与否"的极致是"生存还是毁灭（to be or not to be）"，莎士比亚说这才是问题所在。

在日常生活中，我们都需要思考、遴选与判断。每一天，我们都要做出无数的选择，都要对无数的事物说是与否。从早上是否吃鸡蛋，是否穿黑袜子，到天阴了是否需要带雨伞，中午是否吃面条，都是一连串的"是与否"。

答案见视频

你会不会觉得"答案见视频"听起来有点奇怪，这样的句式是否有讲废话的感觉，因为所有视频都应该为问题提供答案。事实上，这个写法就是如此简单：把视频的中心内容提炼出来，然后用问句提问便可以。我们来看下面这个例子。

原标题：停车可以这样做

新标题：停车一把入位，你想不想帅？

视频的内容就是停车一把入位，而且示范的司机停得非常潇洒，可惜原标题没有体现出来。改写之后的标题提炼了利益点"一把入位"，加强获得感。同时以情感因素吸引对方——男人一般都想帅，想帅的都会来看这个视频。

原标题：跟谢德好老师写"天"字

新标题：免费跟谢德好老师写"天"字，你想学吗？

"免费"添加了提炼的利益点，"你想学吗？"则让语气具有亲和力。人们看见这样的问题，自然会去视频中寻找答案。

原标题：插花示范

新标题：3枝小雏菊，让家小清新，美吗？

视频的内容是小雏菊插花示范，"让家小清新"提炼了视频内容的利益点。喜欢看插花的大部分是女性，"美吗？"以提问方式与对方直接交流，像是在她身边说话。

原标题：牛油果面膜

新标题：水润牛油果面膜，想不想让皮肤喝饱饱？

不少视频的内容都会介绍功效。在标题中加上功效，再以问题方式呈现，效果更理想。例如，牛油果面膜的功效是保湿，我们可以在标题上加上"水润"，然后再补充"想不想让皮肤喝饱饱？"。"想不想"诱导对方观看，"皮肤喝饱饱"生动加强利益点。改写后的问句，比原标题更具吸引力，更能吸引对方从视频中寻找答案。

"答案见视频"的写法要诀在于提炼利益点并加上问句。有关利益点，大家可以参照前面的内容，问一个简单的问题：对方能从视频中得到什么？然后加上亲切的问句，便可以写成标题。

这种标题写法，有一种立竿见影的魅力。"如此简单地写标题，你想学吗？"

> **T** 想一想：你的视频内容是否就是某个问题的答案？这个问题要想清楚。

"如何"或"怎样"

看国外的视频网站可以发现，最常见的视频标题写法是"How to"，即"如何"或"怎样"。"如何"或"怎样"句式适用于乐善好施、帮助人们完成一件事情或达到目的之视频。日常生活中这种句式无处不在，例如：

• PDF 如何调整字体大小？

- 苹果电脑怎样备份？

- 坐地铁怎样防狼？

这种直白的句式，只需稍加修饰，便可让人感兴趣。例如，在"如何"之后加上"轻松""方便""容易""快捷""轻易""简单""3分钟"等词，便能令写标题变得更容易，加上"彻底""绝对""透顶"等词更能加强效果。例如：

- 如何火速调整PDF字体大小？
- 苹果电脑怎样轻松备份？
- 坐地铁怎样彻底防狼？

这些都是手到擒来的技巧，马上你就可以应用。

"如何"或"怎样"还可以如何应用呢？可以借鉴广告文案的写法。

- 如何做油泼面？
- 如何做出狠泼辣的油泼面？

我觉得油泼面听起来就很泼辣，用"狠泼辣的油泼面"则让形象更鲜明，同时也更有意思，更加吸引人。

- 怎样写好简历？
- 怎样写一份财富500强争着聘用你的简历？

"财富500强争着聘用你的简历"采用的是我们在上面提到的特写

技巧，令这份简历更聚焦，更厉害，更能让你脱颖而出。

- 如何用酸奶机？
- 没酸奶，如何变出一桶来？

这两个标题的意思相同，但后面一条增加了"无中生有"的神奇意味，令看的人惊呼"哇！好厉害，我也想试试能不能变出两桶来！"。

做一个"多见多怪"的人挺不错。对什么都感到新奇，对什么都发问，对什么都观察入微，在"多见"之中，生活会充满惊喜，收获更多。

- 如何在公司健身？
- 如何在办公桌前明目张胆练肌肉？

以上两句说的都是一回事。前面一句平铺直叙，只是把内容说出来而已；后面一句则更具画面感，让人联想自己在办公桌前就可以练肌肉，虽然明目张胆，却妙在不被发现。写的时候如果想着对方，自然会想到对方天天坐办公室，缺乏锻炼。

"如何"或"怎样"不难写。哪怕直白地写，也能让对方感到你是在帮助他，为他解决实际的困难或是完成一件事情。如果想写得更开心，就需要多动脑筋，把对方请到你跟前，处处为他着想。

> **T** 想一想：看看你手中的标题，可以用什么词汇让"如何"或"怎样"变得张力十足？

做个测试

请看以下图片，你最喜欢在什么地方工作？

a. 走到哪儿，工作在哪儿

b. 艺术工作室

c. 地球上任何能上网的地方

d. 自己开的小店

e. 自己的办公小天地

f. 以上全部

我选 a 与 c，你呢？我喜欢一个人，喜欢自由自在，看到 a 和 c，不禁心驰神往，希望在这样的环境下工作。

人总喜欢回答跟自己相关的问题。通过测试，我们可以了解自己，就像我根据上面的测试，再度确立自己爱自由、不喜欢被约束的个性。既然人们热衷测试，我们不妨采用测试作为视频的标题。

- 只有 10% 的人念对的单词，你会多少？
- 生了 6 只小狗，你猜多少公，多少母？
- 她像 18 岁，你猜她多大？
- 成功求婚我选这 3 首歌，你能猜对吗？

"只有 5% 的人懂得这个方法，你是 5%，还是 95%？"

这种写法的潜台词是：只有少数人知道答案，如果你知道，你就很聪明。没有人愿意当笨蛋，大家都想试一试，看看自己的智商与水平。如果视频的内容含有测试的因素，标题就可以借题发挥。

为什么？

- 为什么面试成功的人都爱这样打领带？
- 为什么高情商的人都这样聊天？
- 为什么手机拍不好女朋友？
- 为什么爱吃包子的男人都帅呆了？

为什么我会举以上的例子呢？因为"为什么"可以满足人的求知欲，引导人探求究竟，令人感到能得到别人不懂的知识。例如，一个人如果知道面试成功的人怎样打领带，或是高情商的人如何聊天，便可以获得更多茶余饭后的谈资，显得与众不同。

写这种标题，关键在于表达得有意思。例如，不掌握手机拍照技巧，事实上拍什么人都拍不好，可是写成"为什么手机拍不好女朋友？"，就会让人觉得好像事情另有玄机，更加有趣。一个包子视频的标题写成"为什么爱吃包子的男人都帅呆了？"，没有原因，却有意思。教人打领带，标题写成"为什么面试成功的人都爱这样打领带？"，多了一个关键的层次，一个特殊的场合，便会更吸引人。

这种写法的秘诀在于具备跳跃思维和联想能力。假如你感到自己欠缺这种能力，不用担心，我们可以用简易版本的"为什么"句式：

- 为什么分手说这句话能促进世界和平？
- 为什么这裤子一穿就显瘦？
- 为什么这样装修客厅能省 5000 元？
- 为什么海鲜这样蒸才更健康？

这种写法很简单。省钱，省时间，省空间，更健康，更营养，更快捷，更方便，更好看……首先从你的视频中找出利益点，接着以"为什么"作为起句便可以了。

"为什么"句式是全球网络视频最受欢迎的句式之一。放着这么简单容易的方法不用，那就有必要问一下自己"为什么"了。

明白了"为什么"就去做，下回还要接着问"为什么"。

"分享什么，你就是什么。"

——查尔斯·里德比特

第 2 章

写社交媒体文案标题有多简单，
看这 27 条就知道

———————

你分享什么，可能别人看你就会是什么。但是，别人看你是什么，和你真的是什么是两回事。查尔斯·里德比特说的这句话有很多种可能，其中一种是分享苹果的人，根本没吃过苹果，也不可能就是苹果。

社交媒体文案的范围很广，不同的平台，不同的界别，不同的个体需求，文案都不同，这里提供的是一些思路，这些思路有的来自我在广告行业的体会，有的来自看公众号，更多的来自我对生活的观察。正如大卫·奥格威所说，标题相当于你 80% 的工作，所以这里为大家提供的是写社交媒体文案标题的一些建议。

受欢迎的社交媒体文案标题具备一个通用元素：获得感。获得感通常以下面的形式表现：

- 为对方分析。告诉对方为什么事情会这样或那样，为他提供意想不到或是很想知道的内容和观点。例如，"面对疫情，专家告诉你为什么必须勤洗手"。
- 给对方消息。让对方从你的文案中知道一些重要的事、一些有趣的事、一些他觉得一定要看的事。例如，"印度律师竟然认为牛尿能有效击退病毒"。
- 教对方，帮对方。为对方赋能，教他怎样做才安全、才成功、才漂亮、才可以生活得更好，帮他解决已有问题或是还没有意识到的难题。例如，"世卫教你多少米才算是安全距离"。

- 娱乐对方。让对方大笑、微笑、狂笑、开开心心，或是让对方感动、暖心、惊叹，让他在刷屏的瞬间获得娱乐感，在情感上得到共鸣，觉得你说出了他没有说出来的心里话。

社交媒体文案与广告宣传文案同样要为人们带来获得感，同时二者有不少互通之处，例如都需要具备趣味性，要求文案言简意赅，随需应变，在动笔之前都必须思考以下问题：

- 你写给谁看，他到底是谁？想象对方现在坐在你的眼前，他长什么样子，他喜欢什么，厌恶什么？最重要的问题是他渴望什么？
- 为什么他对你写的这篇文案会感兴趣？
- 你能赋予他什么？你能提供什么利益点，让他感到有所收获？
- 你的标题能怎样让他高兴，温暖，惊喜，恐惧，感到迫切，觉得安全？你牵动了他心中的什么情感，让他感到非看不可？

那么，怎样写社交媒体文案标题呢？下面的建议大部分涉及商品推广，有的关乎公众号推文，大家灵活应用即可。

有多少种方法

我很喜欢一首老歌，叫《与恋人分手的50种方式》（"50 Ways to Leave Your Lover"），旋律好听，歌名吸引人。分手50招是实用知识，人人都可能遇到这样的问题，学会了有备无患，能减少不必要的麻烦。

借鉴这个歌名，我们可以把内容或产品变成"多少种方法"句式，或者帮助对方达成目标的方法，轻轻松松写标题。例如：

- 和平分手的 23 句话 +1 件难忘的告别礼
- 周末宣爱靠这 3 道爱情菜
- 保证让你下午不犯困的 13 款低脂零嘴
- 想背影迷人，看这 7 种发髻
- 5 个大招，流量猛增

写这类标题，目标要十分清晰：和平分手、成功宣爱、下午不犯困、背影迷人、流量激增……将对方希望达到的目的明确写进标题中，接着在内容中提供解决之道。

这种写法的优点是让人有获得感。每个人都有愿望和目的，有的想分手，有的希望变瘦，有的想出国，有的只想睡个安稳觉。认准对方的真正需要，结合内容的重点便能写好。

有"多少种方法"，取决于你的内容有多少吸引人的地方。

多少种方法就是多少件法宝，祭出就好使，有兴趣可参考《封神演义》神仙斗法。

秘密在哪儿

没有人不喜欢听秘密，所以没有人不喜欢看秘密式标题。有些事物本身与秘密有关，例如树洞、密室、黑夜、荒园、废墟、地宫；也有一些名称和名字自带诡异与神秘感，例如法老、炼金术师、梅超风、东方不败、叶孤城、花无缺。有些产品名天生具备神秘的意味，更有一些带有传说色彩，例如有人传说好吃的火锅都带有某种不能公开的佐料，极品的茶叶来自人迹罕至的深山中的几棵树。

- 黑森林里，到底藏着什么秘密？
- 传说这家火锅香得让人上瘾，到底有什么秘密？
- 这宫廷床垫底下埋藏着什么秘密？

哪怕先天无任何秘密可言，我们都可以创造秘密标题，引发人们的好奇心，比如"好声音的 9 条秘密""量子力学的奥秘""月亮的秘密""文案密码"。

秘密由人创造，你越说这是极少数人才能知道的秘密，就会有越多的人急着希望成为极少数人之一。最后，当全世界都知道这个秘密时，你的传播目的便达到了。

秘密能兑换亲密。
不亲密，无秘密。

> **T** 想一想：有多少书以"奥秘""解码"命名，这些名字对你有什么启发？

你给我，我给你

"你给我两分钟，我会令这三只白鸽马上消失。"魔术师总喜欢这样逗小孩。你给我时间，我给你效果，这是一种带有承诺的说法。我觉得将这种表述方式变为标题，简单明了，效果不错。给出一定的时间，商品将会改变事物的状态，例如秀发变柔顺了，屋子收拾干净了，眼纹减轻了，厨房的油烟不见了。因为有具体时间限制，效果变得更神奇，内容就更具吸引力。那些具备明确承诺和效果的商品很适合这种写法。

- 每天给我 20 分钟，我教你说一口标准牛津英语
- 给我两分钟，我为你的秀发做个深度 SPA
- 给我两星期，我来帮你管理体重

此外，我们可以将时间变化为其他元素，例如一件带有云朵印花的裙子可以这样写：

- 给我一阵风，我送你一朵云

用同样的结构，可以随意变化去写，作为非商品推广的标题：

- 给我一场雨，我要送你一首诗
- 给我一场雪，我叫梅花开遍

用"给我多少时间"作为起句，有一种交易互动的感觉。后面举例的变化句是对唱与应和，一问一答，一唱一和。

文案是二人拉锯，你给他了，他便会给你。

▼ 想一想：用"你给我……我给你……"写出 30 个句子。

隐藏的利益

如果事物是镜像，那么我们要想一想手中的镜子要拿来照什么。在商品推广上，我们往往会拿着镜子去用心观察商品，之后会发现若干特性。一旦找到特性，我们会感到似乎已找到事物的本质。然而，今天的商品分秒之间便会被人仿效，高度同质化。把镜子放在商品上，有时候会导致与别人看到的相差无几，加上雷同的语言，更容易导致信息被淹没。

我们何不把镜子翻过来，不对着商品，而是反着看，从镜中看用户。从镜子正面看，看到的是商品本身带有的明显利益，唯有把镜子反过来去看用户，才能看到商品背后的利益。例如：

洗衣粉的明显利益：有效清除顽固污渍

洗衣粉的隐藏利益：让宝宝疯玩吧，现在多脏都不怕！

行李箱的明显利益：坚固牢靠不怕摔

行李箱的隐藏利益：一路伴你磕磕绊绊，勇往直前！

小甜点的明显利益：甜甜的，真好吃

小甜点隐藏的利益：吃完这个，心情好多了，你尝尝

我在这里并非否定正面看镜子的作用，而是希望大家能够多角度思考问题，从而体验到其中的乐趣。

小王子名言："最重要的东西，肉眼看不见。"

▼ 想一想：一副耳机、一盒抽纸隐藏的利益是什么？

客观来说

人人都想听客观意见。妈妈做好了饭会问："味道怎么样？"理完发我们会问伴侣："你觉得好看吗？会不会太短了？"客观的意见让事情变得更可信。利用写实的陈述能加强说服力。

- 用完这个，大家都说我的眼睛好有神！
- 敷了 3 晚，人人都说我变白了！
- 穿这个打底裤，大家都说我瘦了！
- 这个记忆枕太神了，我在飞机上居然睡到忘了醒！

我们可以将别人的意见写成标题，也可以使用第一人称的手法，例如最后一句关于记忆枕的写法，是将主观的经历变成客观的事实。

主观的愿望不会影响客观的事实，比方说我们不能让每一个晚上都圆月当空。人有悲欢离合，月有阴晴圆缺是客观事实，不容否定。不容否定等于不容反驳，加上使用了写实的陈述句，标题便显得更具说服力，令人不能不信，不得不听。

每一个主观的人都希望用客观的方法来证明自己主观的正确。

小东西，大手笔

从大处看，人类是世界上最擅长讲故事的动物；从小处入手，每个品牌、每个人都是一个故事。引人入胜的故事经常是从毫不起眼的小物件演变为震惊世界的大事件。

希腊神话中的特洛伊战争，是由三位女神为了争夺一个苹果而引发的。《圣经·创世记》中，夏娃因为偷吃了禁果而被上帝赶出伊甸园，整个人类的命运因此而被改变。潘金莲用姿色勾引西门庆，这才有了武松杀嫂报兄仇，直至后来武督头被逼上梁山，落草为寇。因为偶然而触发的好事包括灰姑娘掉了一只水晶鞋，还有大家熟悉的电影《X 战警：第一战》中，万磁王居然以一枚硬币杀死了肖，大快人心。从古到今，类似的故事不断上演，人们百听不厌。

我们可以用同样的思路为品牌或个人宣传，抓住核心让某个物件成为更大事件的导火线：

- 一包方便面，如何泡出一段波澜壮阔的爱情
- 一个小扣子，如何帮他绝处逢生，摆脱困境
- 一个偶然的电话，如何让他成为万人迷
- 他不是救世主，如何用一个面包喂饱 3000 人
- 一只鸡腿，如何帮他撑到最后，冲刺成功

每个人都希望偶然的好事发生在自己身上。结合漫画、插图或视频，利用故事情节放大商品或个人，吸引流量。上面列举的标题是综合宣传规划中的一个环节。如果要为产品或品牌做全年规划，这个思路可以作为创意源泉，成为规划中的重头戏。

没有一件东西是小东西，关键是放在什么地方，怎样看。

> ▼ 想一想：你身边有什么小东西引发了大事件？

黑　马

反差手法有不同的程度，黑马是其中的极端例子。赛马场的黑马一旦胜出，不仅赔率更高，赢家更会为自己独具慧眼而骄傲。当全世界认定了某人某事不行，后来的结果却出人意料时，常常让人既惊讶又痛快！

我们的身边充满了这样的例子，比如："一脸的土气又是农民工，没想到，诗写得那么深刻！"还有大家都听过类似这样的故事："个子那么矮小，没想到经过后天的努力，她成了芭蕾舞团的主角！"

我们的身边还有不那么极端的反差例子。例如，旁观者会这样评论最早在北京三环外买了房子的人："你看他，当年全世界都说三环以外的房子太偏了，谁住那么老远去，没想到他家一咬牙贷了款买，现在那里变成市中心，都几万元一平方米了！"

开始的时候不被看好或是被认定为不值得投资与关注，而结果出乎意料，让人刮目相看。这些都是源于成见与突破成见的反差。成见是固定的认识，有时候是误解，有时候是偏见，或者是僵化、一成不变地看待事物。成见人人皆有，突破成见也是每一个人心中的潜在渴求。如果你的标题能够抓住人们心底的这种需求，观者便会主动关注。

- 全世界都觉得番薯不出彩，这家顶级五星餐厅竟然拿它当主角！
- 大家以为这里是穷乡僻壤，没想到，爱马仕都上门订他家的围巾！
- 人人笑他是小镇青年，结果他一发言，全场张口结舌，鸦雀无声！

用黑马的手法写标题，重点是突破成见。第一步先在人群中找成见，想想人们有什么固有的看法，接着从成见中找突破，看看产品可以如何突破成见。如此这般，反差点便会出来，标题已经跃然纸上，面前有个电脑就行了。

让人们大跌眼镜之时，便是他们睁大眼睛看你之日。

> **T 想一想：你写的标题有没有一匹黑马隐身其中？**

用否定来肯定

这种写法有一种打翻身仗的意味，带有民间传奇的色彩。被人白眼冷落，结果咸鱼翻身，功成名就，衣锦还乡，古有韩信、薛平贵，今有我们熟悉的传奇企业家。薛平贵最终贵为皇帝，原来却是个沦落街头的穷小子；商品受到追捧，成功热卖，虽然开始的时候被人冷落与误解……道理相通。

- 成千上万的欧洲人最爱的蓝纹奶酪，虽然第一眼看有点像发霉
- 过万用户爱吃这个，虽然有些人觉得开心果做雪糕不伦不类
- 10 万用户最馋的一款，虽然大家以为减肥就吃不上美味

以上的例句是把正面的结果前置，以从前的否定托底，形成强烈反差。开心果做雪糕、蓝纹奶酪都是人们看不惯的，而这种看法只是偏见和约定俗成的思维习惯，这种思维上的偏见与商品翻身后的成功相互对比，产生趣味性。以否定来肯定，是从另一个角度入手来满足对方内心的渴求。

当每个人都在唱 Do 的时候，你就要唱 So；大家否定，你就要肯定。

> **T** 想一想："用否定来肯定"句式不一定需要将结果前置，你认为还能如何写？

提　醒

谁不希望拥有稳定的社会地位，以个人的能力获得社会的认可，赢得别人的尊重。每个人都希望受到别人尊重，在衣食无忧的生活状态下，这种心理尤为迫切。但是，在匆忙的生活中，人们往往容易忽略一些生活小节，这些小节看似微不足道，却会导致一个人的地位和形象受到损害。

- 你穿着家居服见客人会不会尴尬？
- 车里有股味，别说你习惯了

- 看不懂儿子的英语课本，你会不会脸红？
- 几分钟就要拉一下内衣带子，庄重时刻你怎么办？
- 口红出镜了，你能及时发现吗？

客人突然来访，你难看的家居服会影响你在客人心目中应有的形象；车里有股异味，同事坐上你的车，对你的印象会大打折扣；你看不懂儿子的英文书，会不会被儿子甚至学校的老师与邻居看不起？在庄重时刻不停拉内衣带子，不管你是外交官还是公司秘书，别人会如何评价你？口红涂得太外行，整个电梯里的白领会怎样看你呢？

我们都太忙了，互相提醒，对大家都有好处。

利用人们对外部尊重的需求，考问他的现状，提醒对方审视现实，便能吸引他的注意。

找人撑腰

人们看微博、微信，就像是面对正在演说的人，每条信息的背后都有一位演说家，一人一台戏，争相吸引观众的注意力。吸引人有无数方法，找人帮你撑腰，让自己更有底气，让对方信赖你，是一个方便的做法。假如产品或内容有名人背书，当然可用名人当标题。

- 五星大厨最爱的水果刀，锋利得很，削个椰子尝尝
- Lady Gaga 最爱用的护手霜，润泽她那双弹琴的纤纤玉手
- 连爱马仕都被圈粉，没见过那么酷的山居旅店
- 欧洲名模人人一双的短靴子，这才算真有型

假如没有名人，可以自创名人，视频章节已有提及，这里不再复述。此外，数据、权威组织与科学研究、专家定论都能为标题撑腰。

- 地球上超过 60% 的人感到迷失，你在哪儿？
- 数据显示，全世界最多人出生于星期四，你呢？
- 全世界最普遍的英文名是 Mary 与 James，不想当普通人，看看这些英文名

有趣的数据可以作为内容的引子，成为标题，为你的内容撑腰。现在有那么多的资讯，只要我们多下功夫搜索有关资料，同时养成时时观察和收藏的习惯，挥一挥手，招呼招呼，随时可以搭上顺风车。

找不到为你撑腰的人，也能找到为你撑腰的事，前提是找。

> **丁** 想一想：如果找不到名人，还可以用什么方法找其他人为你撑腰？

还有谁

一艘满载难民的轮船快要拔锚起航，可船长还想救更多的人，于是大声喊叫："还有谁上船？"以上场面常见于好莱坞的老电影。我觉得这一句"还有谁"看上去简单，实则信息量很大，借用它来写文案，能轻易成为一种写法。

- 还有谁不希望一天多出来一小时？
- 还有谁不想坐着都能瘦？
- 还有谁不想躺着都能赚钱？
- 还有谁不想靠吃零嘴来美肌？
- 还有谁不想加班第二天依然美艳动人？

船长说的"还有谁"，上船是为了活命，求生是战火中不幸难民的唯一需求。至于以上例句中的时间不够用、身材不好看、想吃又怕胖、早上起来吃上热乎乎的营养早餐，虽不至于关乎生命，但也是现代人内心迫切的渴望。

这种写法单刀直入，效果立竿见影。如果你对这些话无动于衷，不想一天多出一小时，不想躺着都能赚钱，你就落单了，相当于上不了船的那个人。而且，"还有谁不想坐着都能瘦身？"代表我拥有足够的资源，能够回应你内心想减肥又懒得动的需要。"还有谁不想加班第二天依然美艳动人？"寓意着我有相应的能力使你在熬夜后还能精神焕发、光彩照人，背后是个权威性的答案。

"还有谁"句式带出的是承诺，我们要深入研究对方真正及迫切的渴求，让你的承诺与对方的渴求完美相遇。

船长说"还有谁不想活"，你可以写"还有谁不想更好地活"。

"还有谁"的写法让人获得不可多得的机会，以满足内心的渴求，还有谁想落下？

给他高回报

商品是用于交易的。这里所说的不单是人们以金钱换商品，还有买回商品后，人们能得到什么。每一件商品赋予人们的，都有超越商品本身的功用。例如，一把电钻，是为了墙上的洞孔可以挂上心爱的画作；一个相架，是为了思念一个人。

从商品那里收获高回报应该是每个人心中的愿望，人人都希望得到更多。回报有物质效果与情感收获。某些商品天生具备情感回报，如戒指、宝石、名牌服装、香水等奢侈品，某些商品却明显欠缺这些。可喜的是，万物有情，而人类又是情感动物，所以世间任何事物几乎都可以与情感结合。利用这一点，我们便可以用高情感回报进行创作，轻松写标题。

- 送他一只手表，让他分分钟想你
- 这杯自酿啤酒，如何帮江湖大佬交上 100 位知心朋友
- 5 元食材抚慰一家人整天的辛劳，这锅白菜豆腐太暖心

一杯啤酒，交一生朋友，是啤酒变成了友谊回报给酒友。一只手表看来平常，却使恋人彼此时刻思念，只要看到手表便会感到温馨，从而成为巩固双方情感的纽带。这种写法相当自由，只要深入思考产品的特性和受众的需要，抓住核心，可用的词句俯拾皆是。

此外，高回报还能理解为只要少量投入便可收获可观效果。这种写法十分符合人们的心理状态。例如，产品包装常见的加量不加价、买一赠一、第二件半价、免费多送 300 克、套装 10 件加送 3 件，还有令很多女生欢欣雀跃的各种小赠品，都是人们内心渴望高回报的写照。

- 这瓶大地鱼粉，放一点，鲜 10 倍
- 一条围巾，温暖一生

文案的工作是放大收获。一旦明白这一点，余下的只要付诸实践。付出更少，得到更多，符合人类的本性，利用这种心理进行宣传，也一定事半功倍。

低成本，高回报，谁不喜欢?

预言家

不知道下个星期你的星座运势如何? 生肖属牛的今年财运、事业运怎样? 来年你是应该跳槽，还是应该留在现在的公司按兵不动? 假如不是属牛的，那么，属猪的、属马的、属狗的下半年会不会有机会赚得一笔意想不到的横财? 假如你对星座和生肖运势没兴趣，那没关系，我们可以聊聊对世界末日的预测。不想聊这些倒霉的事，那么我们可以听听经济分析师预言下一轮牛市将在什么时候到来，让我们翘首以待。

人类对未来永远充满憧憬与好奇，总希望从预言家身上获得某些启示，令明天更有希望。正是因为人类对未来有永无休止的期盼，才能披荆斩棘发展到今天的现代文明。我们每个人心中都预装了期盼未来的思维。利用这个预装的思维设置，我们可以轻松写标题:

- 天灵灵，地灵灵，明年流行什么发型?
- 时装界预言未来一年的大趋势是大格子 + 小格子
- 应付下一个水逆，一定要试试这个草莓装
- 明年冬靴趋向机车风，你能跟上吗?
- 未来的厨房趋向虚拟主义
- 下一季流行的芥末色包包，提早提上一个!

预言可以写成纯预告式的标题，例如美妆界预言、流行大趋势、未来 365 天的走向、行业专家推测某种趋势等。"下一季流行的芥末色包包，提早提上一个！"包含了预告未来的流行趋势，同时使对方感到别人没有，唯我抢占先机。

这是一个迎合了人类本性深层需求的写标题的方法，因为符合本性，所以相当有效。

难道是人们感到眼前的一切太不堪，以至认为未来总比眼前更有吸引力？

> **T** 想一想：马上当个预言家，即刻试试预见未来。

大多数与少数

我们经常会听到类似以下的鸡汤金句：

- 大多数人求别人，少数人问自己
- 大多数人找借口，少数人寻答案
- 大多数人按规律办事，少数人创造规律
- 大多数人说话炫耀自己，少数人说话赏识别人
- 大多数人说理论，少数人去实践
- 大多数人说的都是别人身上的肉，少数人自己练肌肉

大多数人与少数人是个无限的话题，从古到今，历久不衰。从古语的"劳心者治人，劳力者治于人"，到今天的新闻标题"极少数人能臻

于理想，大多数人已被现实收养"，说的都是一回事。

"大多数与少数"背后隐藏的不外乎是大多数人是普通人，少数人是精英；大多数人笨傻，少数人精明；大多数人随波逐流，少数人引领潮流。谁都不想当大多数人，都想成为少数人，所以为人们提供一个成为少数人的机会，标题自然会有吸引力。

> **大多数与少数的问题，是大多数人想当少数人，大多数人关注的小，其实还是大多数。只有少数人关注的大，才能成为真正的少数。**

- 破壁机，95% 的人都买贵了，只有 5% 的人懂得挑这个
- 保险，95% 的人以为越多越稳，只有 5% 的人知道好保险 1 份胜 7 份
- 红酒最高荣誉，99% 名酒被淘汰，这瓶老藤竟黑马胜出

"破壁机，95% 的人都买贵了，只有 5% 的人懂得挑这个"说的是在同样的品质下价钱最低，"保险，95% 的人以为越多越稳，只有 5% 的人知道好保险 1 份胜 7 份"说的是这份保险比其他同类产品更周全。如果产品有过人之处，可以把优点放在少数的那一边陈述。

怎么好意思

我曾经读过一篇有关日本自杀率居高不下的文章，不少日本老人由于退休后失去工作能力，感到自己对社会没有贡献，失去安全感、归属感、成就感，最终因为自尊心受到伤害而自杀。自尊对人的生存状态至关重要。自尊心得到满足形成自信，是个人成功的基石；自尊心受到打击，可能令人一世低沉，甚至走上绝路。

自尊心受他人评价、社会因素的外在环境影响。既然外部因素如此关键，我们可以把商品作为外部因素，影响消费心理。

- 人家想让你送回家，你怎么好意思说没有车
- 人家在聊度假，你怎么好意思宅在家

恰到好处地轻伤对方的自尊心，是一种有效的交流方法。但这种写法需要考虑受众的心理，轻轻击中对方的自尊，不能太过。国外曾经有一条汽车电视广告，开场是一群孩子刚下课从学校走出来，其中一个小女孩走向一辆豪华名车，上车后，驾驶座上的那位妈妈莫名其妙，因为上车的人不是自己的孩子。小女孩是因为看上这辆好车而上车，背后是虚荣心作祟。这

自尊心很宝贵，不伤不关注，伤重有危险。

种手法让人不舒服，不值得效仿。使用这种标题写法，需要拿捏得当，以免效果适得其反。

够　牛

"够牛"是一种古老的销售方法。

过去国外普遍以支票订购商品，一些高端名贵的商品的直销邮件会请买家先订货付款，并说明如果商品脱销，立刻会把支票邮寄退还。言下之意一是商品很高端，二是数量有限，三是即使你及时汇款到账，也未必一定能够买到。

这种手法让买家感到憋屈不舒服，这种不舒服会变为压力，压力进一步转化为买不到便像是身份不够，错失一个向上的良机，剩下的只有

遗憾。现代版本的各种饥饿营销，例如购买限量版的球鞋需要先抽签再限量，全是殊途同归。

人通常都惧怕自己错失了向上攀登的机遇。人往高处走，是人类内心基本的需求之一，所以把自己抬高一点，有时候更能让人仰望，更有说服力。

- 当一顿晚餐成为艺术鉴赏，谁够资格入场
- 传说中的《千里江山图》，世上没多少人见过
- 这款按摩棒，除了贵，没其他缺点
- 全欧洲最长的单车道，风光无限，谁能一骑绝尘
- 想点菜，对不起，你没资格到这里享受

这种写法意思基本上是"我够牛"，让人感到高不可攀，其难点在于内容中的事物与人物必须够牛。内容够分量，使用这种写法轻松不过。

够不到的果子永远最甘甜鲜美。

请注意

警告关乎眼前，关乎生命。例如，疫情期间出门请戴口罩，乘客在旅途中请勿打开飞机上的紧急开关，请勿让儿童接近火源。警告让人提高警惕，使用警告的句式写标题能让人打起精神，关注内容。

- 小心：一般的指纹识别，黑客很容易得手
- 注意：40 岁还没管人，到 70 岁小心没人管！

- 在办公室老坐着，容易大脑退化！

安全需求是人类的基本需求，如果这个层面出问题，一切归零。也正因为如此，这种标题写法有一定的威慑力。人一旦产生危机感，便会出于本能去关注，你的标题自然会完成它该有的使命。

请人注意的事情不一定与安全相关，也可以与后果相连，例如：

- 注意：做比萨不放这调料，属于假冒伪劣
- 购买人寿保险小心这 2 个雷区！
- 注意：熊市来临前的 3 个警号！

一个警告标题，可以让疲惫的人们打起十二分精神，值得一试。

▼ 想一想：收集你身边的警告作为标题储备。

使你、令你、让你、给你

根据国外的一个网站统计，使你、令你、让你、给你是最受欢迎的标题形式。某某事物能让你、使你、给你产生某某效果，关键在于赋予对方获得感。只要人们从标题中看到自己将有所收获，自然会继续看下去。

- 这 10 句台词，在黑暗中给你最亮的光
- 这 100 元，令你一生荣华富贵享之不尽
- 保证令你笑爆的 10 个梗，别说你不知道

利益点是写标题的重要元素。让对方感到有所收获，便能吸引眼球。句式上不一定需要包括"使你""令你""让你""给你"这些字眼，例如我们常见的"穿上就显瘦""敷上便能睡出尖下巴"等都是在给你、令你、让你，都是在赋予人们明显的利益点。写标题的时候，想着内容能赋予对方什么，从对方的需求出发，便会有所收获。

得到源于欲望，正是这种永无休止的不满足，驱使人类不断向前。

> **T** 想一想：你的内容是否能为对方赋能？能够为对方带来什么利益？

内幕消息

- 这楼盘附近会通地铁吗，谁谁谁有没有内幕消息？
- 竞争对手凭什么每年有 20% 的增长，有没有人认识那边的人可以了解一下？
- 这是很可靠的内部消息，最近高层决定今年冻结工资！
- 到底比稿输给了谁，对方是什么来头？他们凭什么赢了，使的是什么招数？能从客户那边打听打听吗？

凡是内幕消息，人们都喜欢打听，因为这些消息只有部分人士掌握，所以显得更难得。越难得，人们便越想知道，越想知道，自然会主动关注。写标题的时候，用上这个方法，可以吸引眼球。

- 金牌卖家不想你知道的 3 个大招
- 指数基金怎样稳赚不赔？听听金牌理财分析师怎样说
- 正宗港式蛋挞怎样做，茶餐厅老板打死不会说出来，这是偷听到的

可靠消息来自掌握消息的人，我们会相信懂行的专家。例如，我们每天关注的天气预报便是来自懂行的气象专家的科学分析。书评人、影评人、乐评人、经济分析师都扮演同样的角色。所以，写这类标题，第一可以用行业专家。另一种方法是加上"鲜为人知""不轻易透露""不会随随便便说出来""不会说给外人听""只是小范围流传"等语句来加强消息只有部分人士掌握，十分难得，相当可靠。

以下这种思路也可取：×× 个鲜为人知的因素影响你的 ××。这种思路包括了鲜为人知的原因，数字的吸引力，还有对方关注的问题。

- 3 大隐形因素影响你的橱窗效率，懂行的不会轻易透露
- 老板给你加薪多少，原来有这 3 个不为人知的因素
- 考哈佛，原来要具备这 2 项不被公开的条件

善用内幕，能鼓动人们窥探一番，只是内容必须具备相当分量，莫负别人的窥探。

大家都是局外人，局外人都喜欢看内幕。

加上"你"

常听长辈说，跟别人说话，要看对方的眼睛，哪怕不看眼睛，也要看人中，不看人中，起码要注视对方的肩部。人与人交往，需要基本的礼貌与尊重。这些训示很有益处，把它们应用在工作中，便能推想出一

种写标题的方法。

社交媒体的标题，跟人与人面对面一样，同样是一对一的交流。纵然点击量万千，始终是一个人在看一部手机。所以，我们在写标题的时候也要遵从长辈所说的，要看着对方，要加上"你"。

如果没有"你"：

世界最美的小村落

加上"你"：

世界最美的小村落，怎能缺了你

如果没有"你"：

15 天超强体重管理

加上"你"：

给爱自己的你：15 天内实现超强体重管理

如果没有"你"：

滋补好汤：胡萝卜山药煲龙骨

加上"你"：

胡萝卜山药煲龙骨，我知道你爱喝

如果没有"你"：

10 个神奇的错视觉

加上"你"：

10 个神奇的错视觉，你有没有看错

人们普遍有事不关己、己不劳心的心态，这是由于事情跟自己无关，不理会也不会带来任何损失。一旦在标题中加上了"你"，马上能邀请对方参与进来。"世界最美的小村落，怎能缺了你""胡萝卜山药煲龙骨，我知道你爱喝"，让对方感觉受到尊重和被关心。这种写法是使对方感到事情与自己有密切的关系，不看好像对不起自己。

没有"你"绝不是好事。如果没有"你"，好标题从何而来？

▼ 想一想：将你写过的标题加上"你"，看看有什么不一样。

搞错了

固有观念一般都经不起时间与事实的考验。例如，古代人说女子无才便是德，令很多现代女生火冒三丈，认为这是封建礼教的糟粕、要不得的谬论。我们生活中更有许多经不起推敲的误解，例如银发族微信群常转的生活小百科：蜂蜜加豆腐脑会导致耳聋，葡萄皮发涩最好吐掉，山楂太酸要少吃，土豆与西红柿一起吃会导致消化不良。还有一些误解或谣言至今还常被引用：我们的大脑只开发了10%，90%都没被用上。

如果大家都认为固有的看法有错，希望获得正确的答案，那么我们何不利用这些固有的看法和说法，轻松写标题。

- 谁说丽质必须天生？
- 谁说内向的人不具竞争力？
- 别以为秒回微信等于高效率，老板可能对你另有看法
- 世界真的越来越糟糕？要不看看这些全球脱贫数据
- 别以为好车只看牌子和马力，不看底盘的后果你想过吗？

"谁说丽质必须天生？"可作为整形机构或相关美容疗程文案的标题。我们还可以利用许多社会普遍的看法和认识来写标题，例如：世界变得越来越糟糕，社会变得越来越不好，高学历等于高能力，不爱收拾的人人生不会有所成。这些谬论与说法随处可见。

错有错招儿，利用别人的误解来减轻自己工作上的负担，没错！

▼ 想一想：收集你身边的谬论作为储备，成为你的标题素材。

列个清单

清单式标题十分普遍，因为这类标题一清晰，二方便理解，三有获

得感。清单的基本元素包括数字、内容核心以及利益点。数字能让受众感到清晰明了，加上利益点，可以进一步加强获得感。

- 做不好文案有 3 大原因，教你如何面对
- 今冬流行这 9 款叠穿，别说你还没试
- 行走江湖必读的 3 本世界史，看完谁敢小看你
- 装修网店 8 个体面好方案，助你日接万单
- 日本书写协会评出 3 支最佳签字笔，写得行云流水
- 自制梅酒看这 3 项注意，喝到醉
- 棺材俱乐部推荐 10 款 DIY 寿终正寝好物，死也要试试

写清单式标题的关键必须从内容入手。如果内容能梳理成清单，变成多少个原因、多少个答案、多少种结果等等，那么这种方法简单容易，人人能学会，马上能写好。

上面提到的棺材俱乐部真有其事。新西兰与美国都有类似的民间自发组织帮助老年人轻松面对人生终点，俱乐部中的老人会自己 DIY 棺材，装点人生的最后一个家。

清单是一张清楚的单，你给了，人家就买单。

问题是

国外有一个调查显示 4 岁小孩平均每天问 390 个问题，算下来大约 2 分半钟发问一次。我看到这则报道时感到有点唏嘘。为什么我们长大了不爱发问，是基于自尊心还是安全感，抑或是人长大了便视而不见，充耳不闻，变得麻木了？

假如我们忘了问，那么我们可以在写标题的时候多用问句式，因为个中的好处数之不尽：

- 一个问句标题等于向对方发出一次邀请，请对方参与进来。
- 问题能加强对话感，为你打开沟通之门。
- 问题让对方感到事情与他相关，具有针对性。
- 问题引领目的，问句标题能把受众引导到你的答案。
- 问题往往能让人感到事情迫切，能激发行动。
- 问题迎合成年人残余的好奇心，吸引眼球。

爱因斯坦告诉我们要质疑一切，个人的创造力源于一个人是否愿意发问，是否愿意寻找答案，哪怕没有答案，我们都可以从问题中获益。

- 为什么胆小鬼更适合当文案？
- 女生20岁前必须对着镜子搞定哪3件事？
- 橘子加乳香的护体霜，浑身香到底是什么感觉？
- 住20平方米蜗居，为什么他们看来如此高贵？

你肯定有了答案才会写出问句式的标题。这种写法，一定不会出现任何问题，因为没有人能容忍问题没有答案，看见问题，人们自然会从你的推文中寻找答案。

问题是我们是否愿意发问。只要问问题，就会有收获。

▼ 想一想：将你刚刚写完的标题变成问句，比较一下效果。

指南与秘籍

到访陌生的地方，人们总希望有人领路。我们在旅游出发前看各种旅游攻略，便是为了减少内心的不安定因素，掌握更多，既能降低风险，又能让自己吃好住好玩好，在旅途中收获更多。面对新鲜的事物，人们同样会感到陌生。指南与秘籍类的标题能提供指引，让人获得比较全面的信息，少走弯路。

- 冬季眼妆终极指南，看一眼美到初夏
- 十分痛快的快手全攻略
- 字体设计终极秘籍，新手 3 天学会
- 深度学习终极指南，看完这 13 步即刻升维
- 留美学生终极安全指南，为自己为家人你必须看
- 梅雨天过得不霉的南方生活指南，天天清清爽爽

指南与秘籍的核心是赋予对方资源和方法，再加上利益点，让对方感到收获更大。理想的旅游攻略不只提供路线，还会带人们到人迹罕见的地方、最具地方色彩的小街，品尝只有当地人才会享受的地道美食。社交媒体上理想的指南和秘籍也一样，内容创新独到有意思，必然引人入胜。

大家都在迷途中，人人需要指南针。

T 想一想：将你的内容整理为秘籍，看看指向何方。

千万别错过

国外有一个词叫 FOMO（Fear of Missing Out），直译为"害怕错过"，指人们因害怕错过社交媒体上尽人皆知的事情而产生焦虑与失落感。国外的数据显示，世界上有超过一半的人因为担心自己错过信息，害怕成为局外人而患上局外人恐惧症，变得手机不离手。

FOMO 可能是一种病态心理，也可能是正常的内心恐惧。我们身边到处可见利用 FOMO 的营销手段，例如秒杀倒计时，订酒店时弹出来的"只剩一间"，受邀才能参加的品牌活动，各种限时限量版。怕错过是现象，也是一种心理，更是一种写标题的好方法。

- 下午4点，这缕阳光会选择照进3间海景房，你还等什么？
- 有些东西过去了便永远不再来，例如这冬季限量版
- 不知道金熊奖谁得奖，你是不是有点自暴自弃？

这种方法结合了紧迫感与威胁性，调动起对方内心潜在的恐惧，写的时候多注意情绪的把控和调动即可。

怕错过去，便会凑过来。

▼ 想一想：收集优秀的 FOMO 标题作为例句，用在你的工作中。

如何与怎样

望见树上挂满成熟的果子，人们会琢磨如何摘下来；看到河中鱼儿

游来游去，人们会想办法捕获。从古到今，人类以"如何"与"怎样"为手段，满足收获的目的。原始人在旷野琢磨怎样捕猎野兽，现代人在马路边看见豪车心潮澎湃，忖量自己如何才能拥有，二者只是时间相异，性质基本相同，核心就是达到"获得"的目的。

"如何"与"怎样"的标题必定含有某些元素，让人们感到必须获得。获得的可能是人们向往的生活、梦寐以求的好事、解决困难的方法、实用的资讯、有趣的见闻、独特的见解、透彻的分析，这些在市场学中统称为"利益点"的好处，实质上就是人们抬头望见的那些果子。

- 如何果断辞职，到世外桃源去改变世界？
- 如何在淡季卖到盆满钵满？
- 怎样利用堆头，在小商超收获大效果？
- 如何让自己拥有自由的意志、独立的精神？
- 怎样在家做奢侈美食——分子料理？

"如何"与"怎样"调动人们的求知欲，人们一旦关注，自然得鱼忘筌。写这种标题，要领在看内容。内容足以成为树上果子，让人有所收获的便符合使用条件，把利益点清晰地说出来，便能成标题。只要

"如何"与"怎样"风行世界，家喻户晓，童叟无欺，功效显著，一试便知。

内容充实，这可能是最简单容易的写标题方式，不知道你觉得怎样？

动感情

人类到底有多少种情感状态？喜悦、悲伤、敬畏、轻视、骄傲、羞

耻、愤怒、恐惧、厌恶、紧张、感慨……加上那些无法言表的微妙情绪，情感之丰富，真是令人惊叹。情感对于标题，就像是传播中的推进器。推进器的先行者古希腊哲学家阿基米德，利用杠杆原理将大石块投向罗马军队，任何一个罗马士兵靠近城墙，都逃不过这位智者的飞石。情感在标题中的作用，相当于阿基米德的飞石，只要投得准，谁也躲不了。

使人们感到信心满满：

如何在老板面前立场坚定态度婉转，成功加薪？

令长者充满活力，感到年轻：

这一双鞋太潮了，连你的女儿都追到气喘

令人感到不可思议，为之感动：

义勇狗狗救海豚，看到心都化了！

令人紧张，打开对方迫切感的大门：

熊市投资 3 大招，花 5 分钟立即学会

令父母产生迫切感，感到这一课如果不补就是罪过：

你的孩子情商有多高，看这 5 条就知道

写完标题需要检查，看看有没有被自己所写的标题牵动情感。如果自己不为所动，如何可以触动别人呢？

上面提供的建议只是万千方法中的一小部分，例如蹭热点就不在上面提供之列。热点每年每月每天每时每分每秒都在更新，在这里举出任何例子都会瞬间变得陈旧过时，大家随时随地去观察，比看一些过时的热点更贴题，更有用。社交媒体文案要求及时、灵活、主动，标题的写法千变万化，这里不可能做到包罗万象。

写到这里我突然想到香港作家李碧华说过，好男人不过是一瓶驱风油。我不是男人，更不会是个好男人，但我希望上面的一切能够

世上只有情无价，冷漠无情不可行。

成为你手中的那瓶驱风油：居家出行，提神醒脑，有备无患。

"一个人喜欢另一个人，往往发生在刹那之间；海报也一样，

一眼定终身。"

——林桂枝

第 3 章

轻轻松松写海报，终极秘籍在这里

———————

海报具有悠久的历史。220 年前，欧美已经开始批量生产海报。海报是政府对民众、商家对顾客的重要宣传媒介，后来更有舞台剧、音乐会、电影、公告等各类海报出现。随着海报的普及，平面设计水平有了空前的飞跃，而字体设计也紧跟海报的美观需求应运而生。今天，怀旧海报更成为艺术爱好者的收藏品。

乍一看，怀旧海报与今天一般的海报感觉很不一样。但细想之后，我们会发现这些海报与今天优秀的海报具备相同的特点：

- 信息一目了然
- 标题短小精悍
- 图文配合完美

海报四要素

从美学的角度分析，海报是艺术；从宣传方面看，海报是媒体。海报尽管形式多变，但其本质或规律却万变不离其宗。所有海报宣传都包含以下四个要素：

- 谁对谁说？
- 要说什么？
- 在哪儿说？
- 要达到什么效果？

以上四个要素，是做任何宣传工作都必须面对的。下面以一家实体牛奶店作为例子说明之。电商与实体店的道理相通，电商看数据，实体店看现场，都要求文案用心观察。

谁对谁说?

你是谁?你是一家牛奶店的店主,还是为牛奶店构思海报的文案?如果你是店主,你一定有不少想法希望与顾客沟通;假如你是受店主委托的文案,你的客户也必定希望通过海报达到传播效果。无论你是谁,写海报与做其他宣传一样,你需要深刻了解到底你要对谁说话。

"对谁说"包括知道受众是谁,他的年龄、性别、生活状态、喜好、习惯等。写海报与做广告一样,需要进行目标消费群分析。写的时候需要在心里将对方描绘清晰,感到对方犹如坐在你跟前,你要从外到内好好观察他。

想知道你的海报要"对谁说",最佳的办法不是调研,而是观察。从数据与评价中看到对方的方方面面。假如是实体店,用心观察是最有效、最直接、最方便的办法。假如是电商,需要用心分析数据的各个维度,从中找到问题的答案。

设想你要为牛奶店做一张实体店海报,你必须好好观察,自问自答,看清楚受众。

谁去牛奶店?

- 带孩子的父母(孩子2~8岁,父母一般20~40岁)。
- 带孩子的爷爷奶奶(孩子2~8岁,爷爷奶奶50~70岁)。
- 没带孩子的爸爸妈妈(一般20~40岁)。
- 没带孩子的爷爷奶奶(一般50~70岁)。

谁在消费?

- 成人付费,孩子享受。只有少部分妈妈会与孩子一起品尝。

他们的生活有什么特点?

- 生活围绕孩子展开，基本上围着孩子转。
- 十分关注孩子的营养和健康，只要听到对孩子有益的事物都特别感兴趣。
- 愿意为小孩花钱。
- 居住在这个小区的家长都精打细算，喜欢各种优惠。

他们的家庭收入怎样?

- 牛奶店位于中档居民小区，停车场的车以合资中低档为主，结合小区居民的衣着和谈吐，可判断目标受众为小康之家。

他们为什么到牛奶店?

- 希望孩子吃上营养有益的奶制品，满足家长渴望孩子健康成长的内心需求。
- 牛奶店像"营养健康"小吃店。家长们认为牛奶店的食品有营养，带孩子到牛奶店买点儿吃的，是不错的去处。

他们在牛奶店逗留多长时间?

- 这家牛奶店在居民小区，面积小，只能放下一张小桌子和四把小椅子。如果有空位置，顾客会坐下来消费。
- 没位置或赶时间的顾客会外带。
- 不少人周末或接送孩子时顺便光顾。大部分人买完就走，不会逗留超过 10 分钟。

以上分析有不同名称："消费者扫描""目标消费群多维度分析""受众 360 观察"……这些名称是动听的幌子，关键还要看分析的内容。

如果你希望建立个人品牌，道理相通，你必须想清楚对方是谁，他心里想要的是什么。搞清楚你要跟谁说话，是任何宣传推广、建立品牌的首要任务。这一点对新品牌尤为重要。

对方是谁都不清楚，还说什么？

> **T** 想一想：你家附近有面包店吗？看看什么人在消费。要养成随时随地观察消费者行为的习惯。

要说什么？

这家牛奶店的海报基本可归纳为以下几种：

- 有关牛奶益处的海报。
- 奶源海报。
- 新产品推广海报。
- 充值套餐海报。

目前牛奶店需要做一款海报，推出新品"希腊酸奶"。店主认为以下为产品特点：

- 丝滑美味，口感丰盈。

- 含丰富蛋白质。
- 比一般酸奶含更丰富的钙质，一瓶即可满足孩子每天所需。
- 新品优惠价每瓶 7.9 元，原价 10.9 元。

创作任何海报，请先罗列所有卖点，根据受众内心的渴求排序。假如一些卖点不是对方心中渴求的，请果断删掉。

根据上面对受众的观察，我们知道家长最关心孩子健康成长，所以"钙质更丰富"是第一卖点。小区居民是小康之家，优惠价对他们还是相当有吸引力的，因此第二卖点是新品优惠价格。第三是蛋白质，第四是好口味。口味放在最后是由于这方面的好评很多，不用再三强调。

卖点必须以用户的渴求为准，而不以产品或卖家的需要为重，因此，"希腊酸奶"海报上产品卖点顺序为：

1. 比一般酸奶含更丰富的钙质，一瓶即可满足孩子每天所需。

你觉得好不算好，受众觉得好才算好。

2. 新品优惠价每瓶 7.9 元，原价 10.9 元。

3. 含丰富蛋白质。

4. 丝滑美味，口感丰盈。

无论你是要为一家世界 500 强企业创作大型推广文案，还是为这家小牛奶店进行商品宣传，抑或是为电商卖流行美妆，为卖点排序是基本动作，也是必要步骤。卖点的整理必须根据用户内心的渴求而定，而不是从卖家的情结或产品功能出发。

> **▼ 想一想：**你要写的海报有多少个卖点，什么是必须保留的，什么需要立马删除。

整理卖点的同时必须将信息浓缩。海报不是小说，文案不能铺陈，必须精简。

浓缩前：

比一般酸奶含更丰富的钙质，一瓶即可满足孩子每天所需。

浓缩后：

一天喝一瓶，钙质有保证。

浓缩前：

新品优惠价每瓶 7.9 元，原价 10.9 元。

浓缩后：

限量优惠 7.9 元。

卖点必须浓缩，因为受众的时间有限，你的时间同样宝贵。

T 想一想： 随时随地看看身边的海报有没有浓缩卖点。假如没有，你来试试。

在哪儿说?

"在哪儿说"包括两个层面,第一是海报最理想的位置在哪儿,第二是张贴的位置对信息的内容有什么影响。

假设这家牛奶店位于市中心的小区。基于物业的管理规定,门前或店面玻璃上不得张贴任何宣传海报。牛奶店面积比较小,所以海报只能放在收款台后面。这样,顾客在付费时,店员可以利用身后的海报推销希腊酸奶。这是海报最理想的位置。

客人习惯匆匆付钱,海报不可能承载过多信息。由于靠近收款台,这个位置决定了海报必须将优惠价格放在明显的位置。这是位置对内容的影响。

海报和人一样,应该有它的理想位置,放置在最合适的地方,才能发挥最大作用。

举个反面的例子。我在某大学校区附近见过一张不孕不育医院的海报,印象十分深刻。按说大学校区放避孕套的海报比放不孕不育医院的海报更合理。一张不孕不育医院的海报放在大学校区,难道是没有其他地方放了?可能是医院获得了一个免费位置,"谁对谁说"和"在哪儿说"均不在其考虑之列。

我们必须考虑位置。海报的内容、字数及排版均需要与所放之处匹配。位置影响效果,此原则适用于室内户外、线上线下、横竖版面,甚至是个人品牌。如果你只在线上宣传,那么你需要考虑海报什么时间放,放在什么位置,公众号的海报宣传应该星期几放、几点放人流最多。建立个人品牌,你必须考虑自己应该活跃于什么渠道,什么平台,在哪里宣传才能更好地展现你的优势。

位置的好坏决定你收获的大小。

T 想一想：以用户的角度观察周围的海报，看看有没有罔顾位置的例子，从中学习。

要达到什么效果？

"要达到什么效果"相当于传播目标。这张牛奶店海报的宣传目的是什么？店主的想法，一是介绍希腊酸奶，二是通过新口味促进销售。

这两点看起来都是目标。但仔细想想，我们会发现，第一点是手段，第二点是目的。这张海报通过传播"希腊酸奶"的卖点来完成销售。达到销售的终极目标，可采用不同的手段：推出新产品、新口味，提升服务，建立品牌美誉度，增加溢价能力，以加量装、组合装、促销装促进销量。大卫·奥格威有一句名言："一切为了销售，别无其他"，可以说是商品推广宣传之真理。

假如你的海报不是为了商业推广，目标不是销售商品，而是告知人们吸烟的危害，你同样需要清楚海报需要达到什么样的宣传效果，然后考虑你该宣传什么信息才能达到你的目的。

打造个人品牌亦复如是，以上四点均为必答题。你必须知道你要对谁说，你要说什么，最优化的平台是什么，你希望达到什么效果。

海报文案怎样写

文案应该如何写才能做到信息一目了然？以下提供一些思路供大家参考，建议同时参照本书有关视频与社交媒体的文案标题写法，灵活应用。

不啰唆

啰唆很可怕。西方谚语说："宁可孤孤单单在阁楼终此一生，也不可与啰唆的女人共处一室。"啰唆的人一般性格犹豫，做不了决定，说来说去不清楚自己要说什么，哪怕大概知道内容，也找不到重点。

海报文案要做到长话短说，有两个前提：一是知道对方想要什么，二是清楚内容的重点为何。

一天我路过一家临街的音乐教室，看到下面这张海报：

标题：钜惠来袭（字体以钻石型图案设计）

海报内文（以相同大小字体，清单式罗列）：

——寒假优惠音乐体验课全部 6 折

——名师钢琴课体验价每节 180 元

——10 节课送 1 节课

——介绍新同学送 1 节课

——架子鼓、双簧管、大提琴、钢琴、音乐基础优惠课程

小兔子音乐教室 Logo

欢迎联系李老师 135×××××××

　　秦老师 186×××××××

请扫二维码

这张啰唆的海报应该出自一位犹豫的文案。过多的信息像话痨，说了很多，等于白说，因为对方什么都没听见，也记不住。"钜惠来袭"是一个空洞的标题，而且字体图案的设计降低了文字的辨析度，没有人知

道所指为何。

利用寒假推出音乐体验课是音乐教室推广业务的好办法。国内最受欢迎的音乐课程是钢琴课，感兴趣的家长多，学的人也多，渴望了解的人自然更多。

完成了详细的分析后，我们便可以选出以下关键信息：

1. 寒假钢琴体验课

2. 名师授课

3. 体验价180元

标题可以精简为：

趁寒假学钢琴

名师授课180元

以下内容以大小适中的字体设计排版：

多种乐器课限时优惠

扫码或联系135×××××××

小兔子音乐教室Logo

想不啰唆，第一要清楚对方想要什么，接下来提炼内容，精简表达。删掉多余的信息与文字，突出重点，是海报文案的基本要求。海报上信息太多，结果只会令观者的大脑一片空白，不知道往哪儿看，便干脆不看了。上面提到海报放置的具体位置与内容息息相关，路过的人不可能看那么多，有兴趣的家长自然会主动询问其他乐器的课程收费。

啰唆的海报举目皆是。我曾在某地下停车场洗车店的海报上看到详细列出该门店的地址与电话，电商旗舰店的海报反复出现 Logo，这些做法都有违常识，属多此一举。如果顾客已在门店，地址完全多余，旗舰店都是自家的商品，犯不着满眼 Logo。

海报的信息必须无比清晰，一下抓住重点。道理可能太简单了，以至许多人以为必须卖弄花哨才算好。我们的身边有不少啰里啰唆的海报，我相信其中一个原因是人们迷信复杂，喜欢云里雾里，以为讲得多才会印象深，然而事实正好相反。

话太多，自己累不要紧，别人烦才麻烦。

> **T** 想一想：发现你身边的啰唆海报，帮它精简。

具体说效果

具备好效果的事物，必定能为人们带来好处。在海报中说效果，就是赋予对方好处，也就是所谓的"利益点"。每个人都关注自己的切身利益，谁不愿意生活更丰富，活得更惬意，身体更健康，容貌更漂亮？不少海报都从利益点出发，告诉对方使用商品或服务获得的好效果。如果能更进一步推进，把利益点具体化，海报会变得更有说服力。

料理锅原标题：做好家用蒸煮炒煎

新标题：1 个锅 30 分钟 3 道大菜！

面膜原标题：焕亮气色神采飞扬

新标题：敷 1 次等于 3 晚好觉

具体告诉对方一个料理锅能在 30 分钟内做好 3 道大菜，将利益点表达得更具体，以图片表现煎炒烹炸的菜式，看上去更直观。焕亮气色、神采飞扬虽是利益点，可是不如"敷 1 次等于 3 晚好觉"可以让人直接获得因睡好觉而精神焕发的具体利益；原标题是虚的形容，新标题让人摸得着、看得见，更有说服力。

新冠肺炎疫情期间，我在网上看到一则推广海报：

纯色抗菌床单含铜防螨

这张床单海报的信息不少：纯色、抗菌、含铜、防螨。

信息太多了，我们需要排序。在排序之前，我们必须考虑在疫情期间，人们最需要的是什么？心里渴望的是什么？需要解决的是什么？

床单海报信息排序：

1. 抗菌：疫情期间，人们最关心"抗菌"；抗菌不只关乎健康，更关乎性命。

2. 防螨：非常时期，防螨明显次要。

3. 纯色：以视觉表现已经足够。

4. 含铜：人们对含铜的概念陌生，标题使用这个元素只会令人困惑。

根据以上分析，我们可以轻松写下新标题：

床单能抗菌，睡得好安心

疫情期间，人心惶惶，一张能抗菌的床单，让人睡得安心。标题赋予受众关键的利益点，一目了然。

找出关键说效果，一句顶一万句。

情景还原

2019 年冬天，我在电商平台上看到一张电商海报的标题如下：

保暖多色长筒厚袜

海报信息包含 4 个元素：保暖、多色、长筒、厚袜。

按信息的重要性排序，我们会得出这样的结果：

1. 保暖

2. 长筒

3. 厚袜

4. 多色

厚与长筒的利益点明显是保暖，迎合市场的季节需求。袜子多色可通过画面表现，无须占用标题文案，建议大刀阔斧删干净。袜子厚与长筒的好处是什么？是保暖吗？是怎样的保暖？让我们安静下来深入想一想，想象一下自己穿上这款长筒厚袜子的感受。

利用情景还原，我们可以形象地写出利益点，随着思路，海报标题便不请自来了。

原标题：保暖多色长筒厚袜

新标题：一直暖到小腿肚

使用情景还原，让人感到身临其境是具体表述利益点的好办法。"暖到小腿肚"形象地描述穿上袜子后的感受，充满画面感，让人感到温暖舒服。这种方法需要自己亲身体验，还原使用场景，或是想象自己在使用产品，然后将想象的感觉还原，用文字精准表达出来。

新标题中保暖的利益点已经足够突出，我建议不用添加"厚"的产品特点，将袜子的厚度放在产品详情页中更为明智。删除多余文字，使标题更精简，更有力。情景还是写标题的好方法，放在视频或社交媒体上同样能帮助你轻松写文案。

有些时候"让人感受到"比"让人知道"更重要。

具体说成分

以下是我看过的一款湿纸巾的夏天海报文案：

> 悦雅清新，清凉薄荷，冰爽洁肤
> 3% 薄荷精华
> 不含酒精，性质温和，不伤皮肤

这是一款含有 3% 薄荷精华的湿纸巾。仔细分析，能看出其中的薄荷成分是因，皮肤干净清爽是果，余下的信息为枝叶。"不含酒精""性质温和"可放在产品的详情页，"悦雅清新"完全不明所以，必须删掉。改后的新标题是这样的：

> 3% 薄荷精华，皮肤洁净好清爽

夏天人们想要清爽洁净的感觉，薄荷精华可以满足用户的渴求。新标题具有获得感，简单点题无废话。

下面是具体说成分的一些例子：

原标题：低脂珍珠奶茶

新标题：低 50% 大卡才算真低脂

原标题：珍贵柔软牦牛绒围巾

新标题：5 头小牦牛的绒毛，刚够织 1 条围巾

柔软的牦牛绒围巾有多珍贵，我们可以用成分说明：5 头小牦牛的绒毛刚够编织 1 条围巾，足以说明一切。同理，低脂奶茶有多低脂，具体说出成分低 50% 大卡更有说服力。

文案需要具备清晰的头脑与分析能力，需要收集、组织、整理信息，去芜存菁。深入研究产品的品质、成分与工艺，用事实说话，比挠破头皮写一箩筐离题的形容词更容易，更令人信服。具体说成分源于对产品的深入了解，这是每个文案都需要做的基本动作。

自己的优势不说，等于失去优势。

具体说时间

我们在出差时经常会遇到飞机延误。广播说飞机将推迟起飞，请大家在候机厅等候通知。过了半小时，还请旅客接着等候，这时候人们会开始抱怨，有些人甚至会吵吵嚷嚷要求赔偿。假如航空公司一开始就说明飞机将延误大概 45 分钟，情况会大不一样，该打游戏的旅客可以接着玩，爱逛免税店的尽情逛，要不然喝杯咖啡也不错，大家心里有数，情绪会平静得多。

一旦人们掌握了精确的时间，心里会感到踏实。时间十分神奇，用在标题上，它就像是诺言，让人坚信不疑，只要说出时间，一切都变得

有根有据。

原标题：音基速成课

新标题：考音基，2 个月保证过！

保温杯原标题：长效保温

新标题：7 小时后咖啡还烫口！

时间的作用宇宙最强，既能抚平创伤，又能促进销量。

用果断的语气，具体说明 2 个月后可以通过音乐基础考试，让对方心里有数，比泛泛地说速成课更有吸引力。假如课程能做到保证通过考试，加上保证的元素更为理想。如做不到，写成"考音基，2 个月！"也具吸引力。"7 小时后咖啡还烫口！"是以具体时间做情景还原，让人感受产品的保温功能。

这个方法可以应用在含时间因素的商品上，如保湿面膜、保暖衣、空气净化器、吸尘器、抽油烟机、各类课程等。具体说时间，是一种承诺，符合客观事实才可以使用，这一点必须谨记。

具体说名气

具体说名气的标题相当普遍。人向往名气，销量第一的肯定错不了，获大奖的产品凭奖项已经是品质的保证。例如：

• 日本销量 20 万台破壁粉碎机

• 法国销量第一奶酪

• 红点设计大奖第一名多向桌灯

如果真的拥有荣誉大奖，用精练的文字表达清晰便是不错的标题。可是，赛跑只能有一个第一名，销量冠军只有一名，获奖的产品也毕竟有限，真正的荣誉不是那么容易得到的。

如果没有人颁奖给你，不妨自己颁给自己。例如，牛奶店的商品虽然得不到国际或中国奶品大奖，不妨灵活变通，根据销售数据创造"本小区销售 No.1""最受宝贝欢迎大赏""最顺滑口味冠军""本店钙质第一名""最受妈妈喜爱的鲜奶套餐""奶奶的最爱金奖"……利用这些自设的奖项制作有趣的海报和宣传物料，结合相关促销活动，增加与客户的互动，建立品牌忠诚度。

你是文案 No.1。自己给自己颁个大奖，是目标，也是鞭策。

这种写标题的办法，也是我们工作中应有的状态。没人给你奖，自己也要为自己打气。

具体演示

用演示方式推销是常见的手法。以前的街头经常有卖刀卖锅的推销员现场演示。推销员拿着锋利无比的刀切出各种果蔬花样，用一个电锅瞬间做出无数菜肴，一边示范，一边兴奋演说。我十分喜欢看这类街头推销，除了觉得有趣，还想到自己的工作本质上也是推销，看到同行，感到十分亲切。

事实上，采用演示方式的推广案例俯拾皆是。苹果在全球各大城市投放的巨型路牌便是其中的佼佼者。海报中有在水底游泳的小男孩，壮丽的大自然，沙滩上做体操的人群……全球海报使用统一文案：Shot on iPhone。用 iPhone 拍摄，具体演示产品的摄影功能，直截了当。

具体演示一般都是产品当主角，演示其特性、功能或效果。演示类海报一般以产品照为主，文案可以有很大的发挥空间。我曾经写过一则折叠敞篷车平面广告，画面中敞篷车敞开了车篷，标题是"翻脸也迷人"。

这个标题使用了大家熟悉的拟人手法。汽车是无数男人心中的情人，敞篷车更有一种独特的魅力。我觉得敞篷车比较任性，有点野蛮。图中的车篷开了，就是情人翻脸了，虽然翻了脸，却依然迷人。看着图片，集中去想海报要跟谁说，他心里是怎样想的，他跟产品的关系是什么，他内心的渴求是什么，好好安静下来，聆听心语，发挥联想便可以写出来。

设想一个容量不小的包的海报，视觉展示产品能装下很多东西，标题同样可以用拟人手法：

- 看我多包容
- 我能装

我觉得以直白的写法写成"大容量"也可行，只是趣味性不够，"大容量"更适合作为商品的关键词。

家喻户晓的德芙巧克力的广告，视觉以产品包装为主，文案为"德芙巧克力，丝般柔滑"，以比喻句式表述产品的口感。

套用比喻手法，设想我们要为一款黑啤海报写标题，画面是一杯黑啤酒，标题可以是：

- 暗夜

比喻手法是以此物喻他物。看看手中的产品，想想有什么比喻可以用上。例如，小蛋糕松软得像天上的白云，像棉花，像一张让人陷得无影的沙发，像一个小酒窝，又像是一张弹床……这些联想都可以发展成比喻式的演示标题：

- 软绵绵，像刚摘下来的一朵云
- 松软得让人陷下去了！
- 松松软软弹起来

具体演示也可以很直白。例如，一个能炸、能蒸、能焖的料理锅的几款海报分别展示各种精美菜肴，标题配合悦目的照片：

- 嗞（炸薯条）
- 哇！（蒸龙虾）
- 咕嘟咕嘟（炖排骨）

用象声词写出食物的感觉，单纯又直接，标题用一个特殊设计的字体，以特大号字排版，便可以轻松完成。

一家商旅酒店的宣传海报，画面的上半部分用特写表现一张疲惫不堪的脸，下半部分是同一个人，角度、灯光相同，只见他精神焕发，神采飞扬。

上半部分标题：进店
下半部分标题：离店

具体演示客人在酒店一进一出的前后状态，写标题完全没有难度，人人都能写。写具体演示文案，第一要心中有对方，第二可以联想画面，想想对方内心需要什么，图像能赋予对方什么。集中精力，慢慢便会有所得。

听到的不如看到的，能让人看到为什么做不到。

请对方做点事儿

耐克的"Just do it"体现着坐言起行的精神，核心信息是请你行动起来，不要等待。"请对方做点事儿"也是写海报标题的方法之一。例如，很多商品或服务都是帮助人们处理看不过眼的事儿：减肥去掉脂肪，收纳盒用于整理凌乱不堪的桌面，去霉清洁液清除讨厌的霉菌，还有去头屑洗发水、去油污的家居用品、洗车、整容等等。我们可以用坚决的语气，请对方积极行动，做点事情。

收纳用品海报：马上收拾它
去污用品海报：彻底干掉它
减肥海报：烧掉它

这种动宾句式可以变化无穷。赶走、清除、消灭、结束、俘虏、带走、驱逐、战胜、击败等都是带有铲除意味的动词，可以参考使用。写文案的时候深入看看产品的特性，研究受众的心理，便可以变化组合。例如，动宾句式可以变化为贴在酒吧的一张威士忌海报，标题为"忘记她"，献给那些在酒吧喝闷酒的单相思或是失恋的男人。

"请对方做点事儿"也可应用于那些带有特性或具有特殊功能的产品宣传上，例如：

矫正背带海报标题：做人要正直

宽面条的海报标题：想宽点

开锁服务海报：往开了想

这种写法是把产品特性转化为对方的一种心态和行动，让对方做点事情。由"宽面条"联想到"想宽点"，从矫正背带想到要正直做人，这些都是产品特性的转移，转移后邀请对方行动。

行动起来，还可以有其他的写法，例如"动起来""吃起来""美起来""飘起来""飞起来""爽起来""跳起来"……全是行动。在前面加上"立即""及时""现在""马上""这一秒""这一刻""别犹豫"，能加强迫切性。选择恰当的动词，结合卖点和对方内心的需求，便可组成标题。

让对方做点事情，可以让品牌和受众更亲密。设想一家日本拉面小馆现做现卖，海报以"低头快吃！"作为标题，配合日本人爱低头行礼的风俗，便有了当地的文化特色。生活中这类句子取之不尽，不妨随手应用。

多叫别人做事，自己就省不少事。

大胆说

文案的工作是沟通。有时候我们可以跟对方说得大胆一些，勇敢一点，哪怕触碰到对方的弱点也不要怕。

例如，一张老花镜的宣传海报，画面呈现一位色眯眯、笑眯眯的老大爷，身穿一件夏威夷花衬衣，标题可以写作"老而不花"。色情、爱花对老人来说可能会尴尬，但是将眼睛的花与色情的花含糊起来，便有点意思。

美观质优、价格实惠的商品或服务可以用这样的标题：

- 预算低，也可以玩得嗨！
- 花小钱，更显得品位高！

这种写法是故意刺激对方的承受能力，又不伤害对方的自尊。既要大胆，又要拿捏得当。例如，修身服饰的销售对象是不太瘦的受众，中年女性的染发用品直接提出减龄 20 年。在海报中暗示她们的现状是刺耳的声音。这种写法像创伤性疗法，用不中听的话引起注意，刺激消费欲望。在语气上要顾及对方的感受，内核是狠的，但态度是温和的。

> 修身服饰海报标题：看起来真显瘦！
>
> 染发用品海报标题：从头减龄 20 年，不错！

在大胆去说之前，要想想对方有什么自觉不如人的地方，是太老、太胖、皱纹太多、太不好看，还是收入不太高，自我感觉不良好？这些内心的感受与你的产品承诺有什么关联，是否可以相互结合？文案是创作者与观者之间沟通的桥梁，想想观者有什么地方不如所愿，你的承诺是否可以帮助他？不妨大胆去说，没什么好怕的。

为他赋能

要让对方看你的海报，就要让他得到他想要的。他渴求成为一个厉害的人、一个漂亮的人、一个高情商的人，还是一个优秀的人？假

大胆指出，温柔表达，是沟通秘籍。

如产品或服务具有赋能的作用，用这个手法写标题，轻松简单。

我看见电子书优惠的线上海报这样写：

限时下单 8.99 元

新标题：

做个渊博的人只需 8.99 元

原标题限时下单享优惠只是突出价钱，新的标题则写出了对方的内心所需，只需区区 8.99 元，便可以"做个渊博的人"，大大提高了对方的获得感。

赋能的写法广泛用于广告，例如，潜水表使用"压力之下，毫无惧色"，能量饮料的"有能量，无限量"，英特尔的"给电脑一颗奔腾的芯"，都是我们身边的好例子。一个品牌能赋予对方什么，能否让对方获得心中渴望的，是宣传推广成功的关键。因此，赋能的写法经久不衰。

为人赋能，不等于自己耗能。

> **T 想一想：你能为他人赋能吗？你能让人更健康，生活变得更好吗？**

说心里话

说心里话是知心朋友之间的聊天。心里话能让人听着舒服，源于说话的人理解对方，明白他的生活状态、心里的难处和他的感受。处处为对方着想，说心里话，是写海报标题的好思路。说心里话的一种方式是关心：

- 好吃就多吃点
- 好好歇歇
- 别着急，还有时间
- 想家了吗？
- 没有什么比他更适合你

这些全是日常用语，人人都能随口说出来。

"好吃就多吃点"可以应用在各种食品的海报，前面加上"新××口味，好吃就多吃点"便可以介绍新产品。"好好歇歇"适用于休闲食品、懒人沙发的宣传。"别着急，还有时间"可作为销售挂历、年历记事本或与时间有关系的商品海报。"想家了吗？"后面加上地道家常菜名，便可成为小饭馆的亲和海报。将最后一个标题中的"他"改为"它"，变成"没有什么比它更适合你"，适合推销女性内衣。

我们还可以用激励的方式说心里话。

- 孤独的人是强大的
- 没有谁比得上你
- 有你真好
- 你可以！

单身公寓家具的海报可以将"孤独的人是强大的"改为"孤独的人

更有品位"，以赞美独居的人，让他觉得不再孤单，觉得很多人欣赏他，对产品产生好感。"没有谁比得上你"可以变化为一张温暖的电暖器海报，写作"漫漫寒冬，有谁比得上你？"。"有你真好"，可以用拟人法来写，应用于旅途中与人相伴相随的商品，如行李箱、背包、飞机靠枕等，具体的文案根据卖点和消费者的内心渴求撰写便可以。例如，飞机靠枕的海报可以这样写：

延误 4 小时，转机 7 小时，飞行 16 小时，有你真好！

日常用语中的"你可以！""你可以做到！""你可以比别人优秀！""你可以能人所不能！"这种激励的句子，就像英文谚语 Nothing is impossible（没有什么不可能），这句话也是早年阿迪达斯的广告语。谦和一点的写法是"你可以美，为什么不？""你可以胜过，为什么错过？""你可以出色，为什么暗淡？""你可以活得更惬意""你可以轻轻松松当五星大厨"……不同的商品有不同的特性，相关受众的心理需求也不一样，先分析，后动笔，多关心，多激励。文案需要多从生活中汲取养分。心里话是日常用语，只要心里能想到，张嘴便可以轻轻松松地把话送到对方的心坎儿里。

把对方当闺密，说心里话不用学。

用印象创形象

《思考，快与慢》的作者丹尼尔·卡尼曼提出我们的大脑有两种运作机制。第一种机制依赖记忆、情感和经验，能够让我们对眼前的情况做出快速的反应，瞬间判断。第二种机制通过调动注意力来分析与解决问题，然后做出决定，这种机制比较慢，不容易出错。

在第二种机制下，要完成任务，需要我们全神贯注。任务越困难，越需要集中注意力。长时间集中注意力会消耗能量，加上人的惰性，我们能懒就懒，通常不愿意运用第二机制，简而言之就是不愿意多费脑筋。

一个人在路上骑车，听到一首熟悉的歌曲，他的大脑便会立即联想到歌名，同时可以保持平衡不受干扰。我们只要观察一下，便会发现骑车的人与司机都喜欢听自己熟悉的音乐。因为熟悉的音乐已经在我们的脑海中留下记忆，不用劳驾我们大脑的第二机制，不需要我们多想。一边听歌，司机还可以眼观六路，看清路况。

将这番道理放在海报宣传上，我们会明白：将一些人们留有印象的事物放在海报中，会更容易被接受。例如：

• 意大利面，北欧人就爱有机的
• 英国皇室的最爱——伯爵红茶

北欧是大家心中的富裕地方，那里的人们生活优裕，喜欢吃有机的意面，追求高品位的你又怎能错过？英国皇室讲究生活，品位雅致，最爱伯爵红茶，所以你也应该尝尝。受众对以上标题借用的人物和群体都有约定俗成的认识，利用这种熟悉的感觉能够引导受众接受文案中的信息，达到传播的效果。

"用印象创形象"最常用的手法是明星名人代言，在海报上放一张大家熟悉的脸，让人们记住品牌。只是请明星名人花费高，不是每个商家都可以承受。可是，上面提供的北欧人爱有机意面的例子却不需要顾及肖像权，省力快捷，随手可用。我们要多关注语言的象征意义，例如爵士代表身份，法国南部代表惬意与品味，女王代表尊贵，玫瑰代表爱情。将词汇的象征意义应用在标题和产品命名上，同样可以收到"用印象创形象"的好效果。

能借力何必使蛮力，而且借力更有力。

衬托和对比

海报需要语言精练，衬托和对比是利器之一。广告词常见的例子如"吸尘器体积小，吸力大"，便是以反衬强调卖点。类似的例子还有：

- 小居室大创意
- 小桌灯大光明
- 小小说大学问
- 小假期大收获

除了大与小，还可以有无穷的写法：

- 一种色彩万千变化
- 一件风衣四季皆宜
- 一双鞋万里路
- 一小碟千百味
……

利用产品的特点，用对比手法也同样可以轻松写标题：

北豆腐海报：这豆腐，有点硬朗

不太辣的辣椒酱海报：温柔辣

一人出行的旅游海报：不在乎什么南北，用不着带多少东西

多年前我写过一个屈臣氏蒸馏水的平面广告，标题是"没有便是拥有"，广告的内文写蒸馏水经过层层过滤，只有健康洁净的品质，没有任何添加和杂质，标题用的便是反衬手法。上面举例的旅游平台孤独星球式一人行程，用"东西"与"南北"来写，符合受众不服从指令、向往自由的内心渴求。

苦得甘甜；烫得舒爽；微小而强大；谨小慎微地喝，滔滔不绝地说；蝉噪林逾静，鸟鸣山更幽；朱门酒肉臭，路有冻死骨……这些都是对比的写法。还有大家熟悉的闰土，原来是一个"十一二岁的少年"，鲁迅先生第一次和他见面，闰土"正在厨房里，紫色的圆脸，头戴一顶小毡帽，颈上套一个明晃晃的银项圈"。20 年后，先生回到故乡，再见闰土时，他"先前的紫色的圆脸，已经变作灰黄，而且加上了很深的皱纹""他头上是一顶破毡帽，身上只一件极薄的棉衣，浑身瑟缩着""那手也不是我所记得的红活圆实的手，却又粗又笨而且开裂，像是松树皮了"。

衬托和对比是文字游戏，有趣好玩。从大小、强弱、高低开始发想，或是想一想产品的特性，看看有什么元素可以用作衬托，边写边玩，其乐无穷。清代车万育写的《声律启蒙》很有意思，建议大家抽空可以看看。

云对雨，雪对风，晚照对晴空。
来鸿对去雁，宿鸟对鸣虫。
三尺剑，六钧弓，岭北对江东。

有大才有小，有黑才有白，有狼才有豺。

人间清暑殿，天上广寒宫。

两岸晓烟杨柳绿，一园春雨杏花红。

……

看得懂

有一年冬天，我在北京的一家川菜馆入口看到一张海报：

在春天遇见春见

来自四川限量供应

开始接受预订

画面中有一些大柑橘。我估计许多生活在北方的人和我一样，不知道什么是"春见"，看不懂标题。出于好奇，我上网搜索了"春见"，才知道原来是四川一带的特产水果，又叫耙耙柑。

海报放在饭馆入口，人们出入饭馆，没有多少人会留步。事实上，没有人像我一样，会停下来研究海报的标题，看排版、字体与设计，再上网搜索去解题。

这张海报没有考虑"在哪儿说"，海报张贴的位置不理想，文案更没有考虑地域。这张海报放在四川是可行的，而且相当不错，但放在不懂什么是"春见"的北方却让人感觉不知所云。我在12月看到这张海报，春天还挺遥远，更不理解春天与图中的水果有什么关系。饭店门口放一张人们看不懂的海报，等于请了一位外星人在咕噜咕噜地推销，没人能猜到他在说什么。

饭馆门口，人们匆匆而过，看不懂"春见"，不如干脆改为耙耙柑。

海报文案第一要让人看得懂，第二要马上看懂。写看得懂的标题不太难，难的是没有想到海报就是要让人一目了然。海报写得浅白清晰，利己利人；利己的地方在于写起来容易，利人之处在于免得令人猜不透，看到就头疼。

生活已经够让人头疼，别再让人疼上加疼。

下面我们谈谈如何做到第三点：图文配合。

- 元素安排：海报排版设计必须以最关键的信息为主视觉，主次分明，不能相互打架。信息的安排需要尊重人们的阅读习惯：从左到右，自上而下。

- 照片与图像的运用：构图简洁的照片与图像能令海报增色不少，前提是照片必须辅助信息，图文配合。如果照片或图像能使信息更加突出，可大胆加上；如果与信息离题，请果断舍弃。

- 成直线：标题与图案尽量成直线，左右对齐或一边对齐，不要里出外进，以使视觉干净清晰。

- 留白：海报画面不能满，必须留白，留白之处不一定是白色，而是在画面上没有信息，以空白处烘托海报的主要信息。

- 平衡协调：画面需要保持平衡。平衡不一定是对称，例如可以用3：7或4：6作为设计规范。一旦定好规范，要严格遵守。

- 色彩：审慎运用色彩，定好主视觉的色彩后，请选用辅助色配合主视觉。除非有特殊用途，如面向儿童宣传，否则避免使用过多的颜色，以免视觉混乱。假如主视觉是照片，可考虑标题反白。具体的色彩配搭可参考配色事典。

- 字体：假如不是专业设计师，请避免使用过多字体，以免弄巧成拙。字体最好使用一种，不要超过两种。选用字体要注意辨析度，假如海报是通过手机屏幕传播，因屏幕不大，更需多加考虑。

- 统一性：海报空间有限，必须保持统一性，即字体统一、设计元素统一、风格统一。

《广告狂人》中的唐·德雷柏说过："要把它弄得很单纯，很显眼。"可说是对以上内容的精辟诠释。海报一眼定终身，若不单纯、不显眼，人们走过路过，定会错过。

"想引人关注，要令人感到焦虑。"

——约翰·伯格

第 4 章

电商文案怎样写？这么做就对了

—————————

写文案要感性和理智并重，在动感情之前，必须理智先行，客观分析。也许是多年工作形成的思考惯性，每当看到大牌时装广告中的美女，我总会想起约翰·伯格说的一句话："消费，好像会令人显得更为富有；但钱花出去了，人们只会变得更穷。"要说服别人，首先要说服自己。我永远在挣扎。

要想写好电商文案，必须学会换位思考，从用户的角度去想，他的渴求就是你的卖点。

电商文案是直销类文案，顾名思义，直销类文案是直接销售不拐弯。所以，以下我直接谈谈写电商文案的要点，建议大家对照视频、社交媒体、海报中介绍的各种写法，相同的写法，这里不再赘述。

精准面对一个人

从表面上看电商是在大平台上面对千万用户进行推销，但深入想一想，我们会发现，用户其实是一个人拿着手机，一个人在看，一个人在挑，一个人问客服，最终一个人下单，整个过程与一个人进入一家实体店购买商品无异。

电商售卖是一对一的销售，文案则是虚拟空间的销售人员，通过每句文案向站在你面前拿着手机的某一位用户推介商品。

写电商文案必须精准面对用户。假如你觉得面对的是一群陌生人，你会感到毫无头绪，不知道自己在跟谁说话，应该说些什么。假如你能在脑海中将对方视觉化，想想他是谁，他多大，他长什么样子，他穿什么衣服，他心中的期望是什么，你的承诺能否满足他心中的渴望，你会感到写文案容易得多。

例如，你要为一盏七彩儿童灯写文案。你脑海中会出现一个小男孩，爸爸30多岁，戴眼镜，穿浅蓝色上衣，妈妈长头发，穿着白色外套。这对父母喜欢周末带小孩出去，在朋友圈晒娃。下了班他们会第一时间回家，十分重视与儿子相聚的时光，心中渴望宝贝更快乐。

他们一家人正站在你的面前看这盏七彩儿童灯，你要想想如何与他们对话，这盏七彩灯有什么特点，它能为这对夫妇和小孩带来什么？

以下是我从电商平台看到的这款灯的文案：

炫彩变色，温馨陪伴

产品详情页中列明了产品的特点和功能，如USB充电、硅胶材质、一拍变色等。

我们先看看"炫彩变色，温馨陪伴"这句文案。"炫彩变色"好像是产品的特点，而"温馨陪伴"似乎是结果。用户渴望的是这两句话吗？这盏灯到底可以如何满足用户心中的渴望？

爸爸妈妈渴望与孩子温馨相伴，让孩子更开心。这盏灯的作用是赋能，有了这盏灯，有了这变色的灯光，一家人可以享受他们心中渴望的温馨时光。

只要我们在写文案的时候想到用户，就会看见疼爱孩子的爸爸和妈妈晚上在这盏灯旁给孩子讲睡前故事，他们渴望这盏灯能点亮自己与孩子共处的时光。一盏变色的灯，能够让父母在睡前讲的故事更加引人入胜，让孩子更开心。

我们不妨将原来的文案"炫彩变色，温馨陪伴"深入去写：

> 绿色扮妖魔，
>
> 红色当火炉，
>
> 睡前给孩子讲个降魔故事，
>
> 7种灯光随心变，小宝超喜欢！

将温馨陪伴变成场景还原，精准而具体地跟父母说这款灯的特点。在页面上加上爸爸给孩子讲睡前故事的照片，炫彩变色的功能点便成为用户感同身受的利益点，让父母通过灯的变色功能感到更清晰、更具像化、看得见的温馨陪伴。

精准面对一个人，我们会用对方的语言说话，会想他心里所想。我们甚至可以直接进入对方的角色，成为爸爸妈妈，在这盏灯下给孩子讲故事，将"炫彩变色，温馨陪伴"往前推进。这样做可以让用户的获得感大大加强。对方收获的将不再是模糊的温馨陪伴，而是宝贵而温馨的一家人相聚的具体情境。

我们经常提到文案要短小精悍，在其他功能点与利益点都言简意赅的前提下，这样的一段小文案能用产品多彩变色的承诺回应用户心中的渴望。

以上便是精准面对用户的演示，在这个过程中我们需要掌握以下要点：

1. 必须从数据中找出用户的客观资料，比如年龄、地域、性别等，然后在脑海中再现对方的形象。

2. 想象他的外貌喜好，想想他怎样说话，他每天在做什么？他面对的难题是什么？他的痛点是什么？他心中的渴望是什么？

3. 回头看看你的产品可以承诺什么，你的承诺如何满足用户心中的渴望。

4. 进一步设想你的产品可以于何时何地，如何回应用户内心的需求。

5. 运用你的观察力与想象力，与用户沟通，安静下来，用后面章节提到的心语便可以轻轻松松写好文案。

无论什么类型的电商文案，"精准面对对方"都是必要的思路，一旦你想象对方就在你的眼前，便会得到一定的启发。有关句式与套路，大家可以参考其他章节。

多想对方，有益自己。

T 想一想：对方是谁？他爱听什么歌？喜欢怎样说话？

不要泛说功能，而要精准说利益

人们购买东西不是为了功能，而是为了从中获得利益。正如你买这本书不是因为它有一二十万个字，而是为了满足你心中的需求，你希望从对文案的一知半解变为掌握更多的知识，你期望从不知如何下手变为驾轻就熟。

人们购买一个收纳箱，是希望将 A 点的凌乱杂物，经过收拾后到达 B 点，变得条理清晰，最后令自己舒适。人们选购一个熨斗，是希望将 A 点皱巴巴的衣服，变成 B 点的平整笔挺，最终让自己体面光鲜。我们在罗列功能点的时候，必须思考产品的功能可以为用户带来什么利益和怎样的体验与感受。

假如大家不清楚什么是利益点，我这里有一个从国外的网站上看到的十分简单的方法。在列出功能点后问一个简单的问题："有了这个，那又怎样？"例如，小风扇的功能点是 USB 充电，USB 充电带来的利益点第一是"无线更方便"，第二是"随身送凉风"。

参照"有了这个，那又怎样？"，我们可以说有了 USB 充电，便会：

- 无线更方便
- 随身送凉风

人们不会为了产品的 USB 充电功能下单，而是为有了这个功能后可以走到哪儿凉爽到哪儿而下单。

例如，睫毛膏带有曲线刷头，我们想一想，人们会因为一个曲线刷头下单吗？人们购买睫毛膏是为了让睫毛看起来更长更美，渴望自己的明眸更迷人，如果我们不告诉用户这个曲线刷头能给她带来什么利益点，没有人会因为一个刷头去下单。

曲线刷头的物理作用是更大面积地接触每根睫毛的根部，根据"有了这个，那又怎样？"这个思路，有了这个功能，用户能够瞬间提升睫毛的长度，带来的利益点是：每根睫毛照顾到，眼头眼尾超卷翘。客户从 A 点的睫毛不理想，希望到达的 B 点是睫毛卷翘迷人，最终让眼睛看起来更大、更吸引人。因此，睫毛膏的曲线刷头带来的利益点如下：

- 创新曲线刷头，贴合每根睫毛根部
- 每根睫毛照顾到，眼头眼尾超卷翘
- 轻松一刷，你的眼睛放大啦！

以上是将功能变成利益点的思路，下面是相关的步骤：

1. 首先要了解产品功能的原理与作用。

2. 接着问这个简单的问题："有了这个，那又怎样？"找出功能带来的利益点，然后将利益点列出来。得到一个利益点之后，接着再问"有了这个，那又怎样"，尝试从第一层利益点推进，看看是否有下一步的利益点。

3. 参考本书第 15 章介绍的电商简报的写法，写下 A 点是什么，希望到达的 B 点是什么。

4. 将功能带来的利益点与客户希望达到的 B 点，相互对照。

让对方感到有所得，你也自然有收获。

5. 只要客户希望到达的 B 点与你提供的利益点一致，你便准确获得了写文案的方向。

6. 动手去写，具体的句式可参考其他章节介绍的方法。

> T 想一想："有了这个，那又怎样？"可以怎样应用在你的文案中。

不要泛说好，而要精准说怎样好

有一些宣传词句由于使用过度，会令人麻木无感，例如，品质优良、货真价实、信誉好等等。你要精准表达产品的优势与利益点，避免使用被用滥的词句。以下是具体方法。

精准说时间

以下是我从电商平台看到的对电热毯加热功能的描述：

- 快速升温
- 马上告别冰冷被窝

这两句是大部分卖家惯用的文案。唯有一家电商品牌具体提出了一个精准的数字：60 秒。有了这 60 秒，文案可以从"快速升温"进一步精准地写为：

60 秒即刻升温，被窝即时暖暖的！

精准说时间，让人们心中有数，知道这电热毯只需 60 秒便可升温，即时得到利益点：被窝暖暖的。精准说时间，能让用户的获得感马上加强。一些电商写的"告别冰冷被窝"读后依然让人感觉冰冷，改为"被窝即时暖暖的"，对方会感到马上暖起来。

精准说时间可应用于任何以时间体现利益点的文案中，让人们感到可以更快满足心中的渴求。类似的文案还有：3 分钟马上降温，20 分钟皮肤提亮水润，60 分钟电量满满，7 天后减重修身……

光阴似箭，百发百中。

> **T** 想一想：看看各种与时间相关的电商文案，通过学习别人的文案提高自己的分析能力。

精准说效果

精准说效果指的是精准说出用户内心渴求的效果，让品牌或产品的承诺与用户的内心渴求完美相遇。

例如，不少女性内衣文案都提到带孔的乳胶内垫，并且有不少卖家提到相关的认证以及抗菌防螨的效果。我们想想，稍微重视个人卫生的女性都不会担心自己身上有螨虫，所以这个利益点恐怕不是用户购买内衣的内心渴求，而相关认证是产品功能的背书，不是利益点。

沿着"有了这个，那又怎样？"的思路想一想，带孔乳胶内垫的利益点到底是什么？女性在夏天穿内衣的内心渴求是不闷热，而带孔乳胶内垫轻薄透气，正好满足她们的内心所想。当我们进一步发问："不闷热了，那又怎样？"我们会写下这一句：

> 轻薄透气，舒服到像没穿一样！

这就是带孔乳胶内垫带来的精准效果。事实上，我看到一位卖家提到"无穿感"，意思是一样的，只是无穿感不是对话，没有感情色彩，"舒服到像没穿一样"比"无穿感"听起来更亲切，是一对一的说话方式。

对利益点进行推进思考是写广告文案常用的方法，只要大家掌握我前面提到的"有了这个，那又怎样？"的问句并认真问下去，便会得到更精准的文案。

下面是女款船鞋详情页的好文案：

• 经典游艇船鞋，灵动流线专为女生设计
• 防水防污高级耐磨真皮，与你相伴一生

- Comfy 超舒适鞋垫，在不在海边，一样舒适
- 360 度系带皮绳方便调节松紧，令鞋帮完美贴合你的脚型，潇洒每一步

上面的文案没有一句使用我们常见的"经久耐用""品质优良"，而是每一句都带有清晰的利益点和精准的效果描述：流线设计更适合女生；有了耐磨真皮，这双鞋子将与你相伴一生；鞋垫带来的利益点用上了情景还原——在不在海边，一样舒适。通过利益点，穿上这双鞋子的效果被精准表述出来。文案中还适当使用了"你"，让效果与用户相关，加强了对话感。

精准说效果的要领在于自己亲身体验，将自己看到的、闻到的、听到的、摸到的说出来。无论是为一双船鞋还是一杯奶茶写文案，都需要我们放开感官，全情投入体验产品，用自己的感受感动对方。

差不多的效果，只会带来差不多的结果。

精准表达拥有感

人们一旦拥有一件物品，便会抬高自己手中物品的价值。例如，车主刚买完车，会觉得自己的车外观最好看、内饰最精致，甚至觉得这辆车的价值比自己付出的价钱更高。哪怕一只看上去再普通不过的马克杯，只要人们曾经将它握在手中，便会感到它更有价值，愿意非理性地付出更高的价钱去得到它。这是经过无数行为心理学家实验证明的禀赋效应。近年更有神经学家提出，人们只要用手触摸过一件商品，便会认为它更有价值。

汽车试驾、产品尝鲜装都是利用禀赋效应进行销售，让人们通过短暂拥有，感到必须永远占有。将"让他拥有"的心理应用在文案中，是说服用户的好办法，拥有的感觉来自让用户体验"用后感"，获得自己拥有的感受。

例如，午后红茶的文案可写为："午后闻到山间小雏菊飘来的清香，浸润灵魂"，让用户感到自己在喝这杯花草茶。

护肤品的文案写为："紧致水嫩肌肤，一敷降临"，使用户一看就获得用后感。

多彩椅子的文案可以这样写："坐拥只属于你的色彩"，让用户感受到坐上这把椅子后独特的专属感。

休闲鞋的文案写为："出去走走，遇见那个不一样的你"，让用户感到穿上这双鞋后可以到达他心中的向往之地。

运用你的想象力，心里想着这个问题："一旦拥有了它，对方会感到如何？"设身处地去想，站在他的角度去想，用他的感官去想。

下面是我在电商平台看到的一个保温马克杯的文案标题：

三层防烫，好好呵护你的双手

一眼看去，"好好呵护你的双手"似乎是让对方得到用后感。让我们换个角度，从用户的角度出发，想一想"呵护你的双手"是否就是用户对一个杯子的内心渴求。我们用杯子会害怕被烫到吗？被烫到是不是我们使用杯子的痛点？答案明显是否定的。因此，杯子到底是三层还是四层防烫，都不是重点，烫伤也不是痛点，呵护双手更不是人们追求的爽点。简而言之，没有人会期望一个杯子能帮自己呵护双手，呵护双手更像是人们对护手霜的期望。这个杯子的销量并不理想，很可能是由于文案的方向出现了偏差。

这个杯子不是典型的直筒型保温杯，而是一个马克杯型的保温杯。将这个马克杯放在办公桌上，利用桌面的质感，加上下午的阳光，我们可以用视频或照片展示使用场景，配合文字进行情景还原：

开完会都下午了，早上泡的这杯咖啡竟然温度不变，一样香浓。

用户看到这些文字后会感觉自己就是这个杯子的主人，经过早上忙碌的会议，在下午的工作间隙正享用这杯香浓温暖的咖啡，利益点清晰而具体。

产品的描述应该将三层防烫改为三层保温，更加精准。原来的"三层防烫，好好呵护你的双手"可以改为"三层超保温 8 小时持续"。

一旦他拥有这个保温马克杯，他会感到如何？一旦他穿上了这双休闲鞋，他会有什么感觉？一旦穿上这件衣服，她心里除了美，会不会觉得自己就在海边，置身自己梦想的天地？

一旦拥有，谁愿失去？

"让他拥有"需要你运用想象力，让产品给用户留下深刻的印象。

> **T** 想一想：你自己有没有用过、吃过、体验过产品，你会如何表达你的用后感以说服对方？

精准讲故事

对许多小店来说，电商平台是其与客户沟通的唯一渠道。如何通过平台建立自己的品牌，增加用户的黏性，是不少店铺面对的问题。我们可以通过讲小故事的方式来建立品牌的美誉度。每一家店都有它动听的故事，每一件产品都有属于它的独特故事。故事，让用户可以更深入地了解你的产品，有效加强吸引力，让人们在不知不觉中对店铺产生好感，建立情感联系。

故事不需要是史诗式的品牌历程或是创办人的传奇经历，我们可以讲简短的小故事，精准去讲，从产品的角度出发提出以下问题：

- 产品是谁做的？
- 产品的设计灵感是来自一个人，一个地方，还是一件事？
- 产品原产地是否风光宜人？
- 生产过程中有没有遇到难题？如何克服这些困难？
- 产品怎样进行测试？

产品是谁做的？

如果产品是手工制作的，你可以讲述工匠的故事；假如是工业生产的，可以讲生产环节中任何一位工作较真的工人的故事。例如，工业化生产的食品可以讲述负责原料采购的采购员拒绝了多少不合格的食材，如何坚持用最高质量的原料生产，如何不被同事理解却依然坚守产品的品质。你还可以讲述负责品控的员工如何层层把关，只把最好的献给用户，以用心和认真来感动用户。

假如是手工小作坊式生产，那么故事的素材可以来自生产者、工匠，甚至是生产者的家人。例如，手工制作的家居小用品、农民自产的农产品，都可以用第一人称讲述自己的故事。

呈现故事的手法可采用视频或照片。假如对拍摄没有把握，可以采用近镜头拍摄一双正在劳动的手，或者一些生产过程中的片段，用自己的话讲故事，只要情真意切，便能感动对方，增加用户对你的黏性，建立长期的品牌忠诚。

产品的设计灵感是来自一个人，一个地方，还是一件事？

产品的设计灵感可以来自一个人对某一件事的执着。例如，我认识的一位对无缝设计特别感兴趣的藏民设计了无缝帽子、无缝背心和无缝手套，另一位对老布和绣花特别感兴趣的女生手工制作了独特的茶垫和布包。假如产品有类似的故事，必须要让客户知道，因为这些独有的故事，能够帮助提升用户的好感，令产品更有温度。

例如，无缝服饰的小故事文案可以用第一人称这样写：

> 好看的东西都没有接缝，就像我从小生活的青藏高原，天衣无缝。

用老布绣花的女生可以这样说她的故事：

> 我喜欢花，我喜欢将我爱的花一针一线绣在这些老拼布上，让花儿在茶垫上一直开下去。

这些个性化的设计师故事为产品增添了人性的维度，令产品更有价值。

设计灵感的故事也可以来自痛点。好的设计大部分来自观察人们的痛点后提供解决方案。文案必须多看产品的设计有什么特殊的地方，想一下这些特点解决了用户什么痛点。

例如，一张折叠小桌板为用户解决了趴在床上用电脑的难题。我相信设计者的灵感一定源自观察。将这种观察变成设计灵感，便可以写出一段小故事：

> 上大学趴在宿舍床上用电脑太累了！我设计的这个小桌板就是为了解决这个问题，希望有了它，你在任何小空间都可以舒舒服服，好好工作！

在故事后面加上设计师的名字和头 **好东西需要讲好故事**。像，可以使产品更具吸引力。看看你手上的产品有什么特点？一个手柄、一颗螺丝钉都有它引人入胜的好故事。

> **T** 想一想：你手中的产品是谁想出来的？是受什么启发而诞生的？哪怕是一种新口味、一个新包装，都潜藏着故事，等待你挖掘。

产品原产地是否风光宜人？

一张好照片胜过万语千言。假如产品与自然、水土、阳光雨露相关，使用原产地山清水秀的真实照片，能让人对产品的源头更有信心。这种做法也适用于原生态食品和饮料。例如，为什么神农架的香菇味道那么香，是因为深山里的湿度还是清新的空气，抑或与培养菌菇的深山木材相关？将客观的环境与产品相关的优点互相对照，让人们理解为什么你的产品更具特色，比别人的更出色。利用客观优势，往往比花言巧语更具说服力。

生产过程中有没有遇到难题？如何克服这些困难？

你走了多少里路才找到最好的面料？你花了多少个日夜才调制出这个味道？你遇到了多少困难才生产出眼前的产品？讲述这些故事，可以让用户知道你的用心。当你诉说这些背后的故事时，人们会觉得眼前的产品具有超越物质的情感价值。

这些故事不需要长篇大论，通过简短的文案便可以轻松写好。

例如，一件速干上衣的文案可以这样写：

为了找到我心中理想的速干面料，我走了多少路，流了多少汗水！现在，流多少汗都不怕，因为这件 T 恤无比透气速干，它会一直陪我走下去！

一款巧克力曲奇的文案可以这样写：

我试了很多巧克力粉，有的太浓，有的太淡，反复试，不停试，做了 34 次终于满意，这款曲奇叫巧克力 34，你说好吗？

我们不需要每件产品都使用这种写法，挑出店里的明星产品或真正有故事的来写，以点带面，用自己的产品讲自己的品牌故事。

克服困难是永恒的故事桥段，人人都爱听。

> **T** 想一想：你有没有为产品或服务用尽心力，如果有的话，必须让对方知道。

产品怎样进行测试？

测试像是个大词，听起来需要经过复杂的程序才能完成。事实上，测试可以很轻松，很有意思。哪怕是销售一根橡皮筋，你都可以利用视频直播演示产品的测试过程，例如找位大力士对橡皮筋进行负重的拉力测试，让用户知道你的产品不简单，可以经受住残酷严苛的检测。不需要花大钱，一根小小的橡皮筋便能让你从大处着眼，由小处入手，收获品牌效应。

产品测试的范围很广，除了耐磨损测试，还有触感、口感、香气、噪声、色调等的测试。测试也可成为直播或店铺视频宣传的好内容，让用户对产品更有信心。

小故事的作用是建立品牌和店铺的美誉度。建立品牌需要时间，很难立竿见影促进销量。然而，从店铺长远的利益来看，通过讲品牌故事建立品牌十分重要。如果你打算长久经营，你便需要坚持不懈，日积月累，建立品牌形象。

小故事也有大看头。

> **T** 想一想：你可以为店铺写一个怎样的小故事，如何创造品牌价值？

精准使用感官形容词

我很喜欢看菜单上的感官形容词，比如：甜爽甘饴、香辣透亮、滑润浓香、清润解暑、冰凉淡香、麻辣鲜香、爽滑香醇、凉爽爽、黏糊糊、滑溜溜、晶莹如玉、满口生津、肥而不腻……

喷香米饭比米饭更好吃，冰爽凉粉比凉粉更吸引人。一家餐厅的菜单写得好，对生意一定有帮助。同理，善用感官形容词的文案能加强用户的感受，使文案更加吸引人，更具说服力。

感官形容词可分为视觉感官形容词、听觉感官形容词、触觉感官形容词、味觉感官形容词、动态感官形容词。

某些类别的产品会大量使用视觉和触觉形容词，如美妆的文案常用晶莹剔透、盈润水亮、柔软细嫩、舒爽透肤。如果你需要写美肤的文案，首先要在相关的平台和公众号收集所有感官形容词作为储备。

你也可以收集其他类型的形容词，应用在自己的产品文案中。例如，如果你需要写儿童薄纱睡衣的文案，你可以参考冰激凌，甚至看看夏季面膜的文案是怎样写的。有一款冰激凌的电商文案是这样写的："别样清新，轻轻爽爽"。这两句文案用在儿童薄纱睡衣上同样能让用户获得感官感受："相当别样清新，宝宝轻轻爽爽"。你甚至可以使用菜单上形容消暑凉菜的感官形容词"无比解暑凉爽爽"来描述这套薄纱睡衣。

提高自己的敏感度，从其他产品的文案中发现可能性，你便可以写得更轻松。例如，你要写有关一个柜子品质好的文案，不一定要局限在用料和工艺，你可以说这个柜子：

保证10年不会咯吱咯吱叫，安安静静陪你一辈子。

不用视觉词，而用听觉词来描述一个柜子经久耐用，比使用"品质优良"更有趣，更吸引人。很多听觉词特别有意思，例如淅淅沥沥、滴滴答答、叮咚叮咚、哗啦哗啦。使用听觉词可以大大加强获得感，例如，描述园艺工人用的浇水喷头可以写为"淅沥沥，哗啦啦，天然雨点来浇灌，植物乐开花！"描述电火锅可以这样用听觉词："扑通扑通火锅下，一会儿就吃上无敌美味小龙虾！"还可以在页面上附上简易的菜谱，以食欲感建立用后感，以用后感带来获得感。

动态的感官词可以用来形容松软的点心、舒适的枕头、飘逸的围巾、舒服的鞋子。例如，要形容轻，我们可以用轻悠悠、轻飘飘、轻逸如风、无比轻快、轻盈过人、轻到一按弹起来、轻到没感觉，甚至可以在文案中只用一个字"飘"；反过来说我们可以用零负重、零负担、无重。

人是感觉的动物。感觉对了，一切好说。

感官词能大大增加信息的含量。写文案的时候多用感官词，可以让人的感受立体化，增加感染力。这种方法，简单便捷。

> **T** 想一想：你可以如何利用与你的产品相关的相邻产品，丰富你的文案？刻不容缓，马上去找。

精准说特色

电商平台大部分商品都不是只此一家，在商品高度同质化的情况下，你需要给用户一个挑选你的理由。下面提供 4 种思路给大家参考。

安全很重要

安全是人类生存最基本的需求，没有人愿意无缘无故承担不必要的风险，危及自身的安全。看看你的商品有没有这样的特性：无毒无害，使用安全；有安全气阀，能安全断电；不含酒精，不伤敏感肌肤；不含人工色素和防腐剂，不影响身体健康。想一想你的用户是否对安全有疑虑，你的产品可以如何帮助他赶走恐惧？

恐惧是欲望的天然伴侣。

假如产品具备以上这些特性，必须在文案中说明；假如没有，你可以利用人们惧怕错过的心理作为文案的切入点。例如，靴子的文案可以这样说："欧美顶尖潮人穿这个，你怎能错过？"婴儿车的文案："欧盟安全系数防护，你的宝宝能缺这个吗？"从人们惧怕错过，怕自己跟不上潮流的心理入手，便可写出好文案。这方面的更多内容可参考社交媒体文案章节。

与他一起探索

为什么人们喜欢到陌生的地方游走？因为人天生喜欢探索。为什么世界上有越来越多的人不在固定的办公室工作，而是成为周游列国、全靠在线工作的数字游民？因为人们不爱待在固定的地方，总希望走出去看世界。

探索是每个人心中的渴求。你的产品是否可以带他走出去，聆听远方的声音，感受大地亘古的节奏？

一个背包、一副耳机、一辆自行车、一个小小的证件套、一套轻便装的洗护用品、一个充电器、一双鞋、一个行李箱……任何与人相伴出行的商品都可以陪伴用户探索，陪他一起到达他心之向往的地方。

例如，一副耳机的文案配合使用者的照片可以这样写：

无敌低音鼓点，让我听到地壳深处的呼吸

一个背包的文案不妨这样写：

我的存在是为了出走，
我要与你走到世界的尽头

这类文案可长可短，以引起对方内心的共鸣为目的。歌词或现代诗中有许多值得参考的词句，大家可以从中学习。

探索不在于是否有新大陆，而在于是否有发现新大陆的眼睛。

成就更好的他

人人都希望与他人建立良好的关系。你的产品是否可以帮助用户成为一个更好的妈妈、更酷的爸爸、更孝顺的儿女？例如，烘焙用品不仅能做出各式点心，更能成就一个关心男朋友的女朋友或者照顾家人的好妈妈。再例如，在椰汁的产品页面上加上椰汁糕的照片，文案就像妈妈在说话："这椰汁太香太浓啦！用它给家人做浓香细滑的椰汁糕，味美无穷。"再附上一张妈妈的头像和椰汁糕的做法说明，页面马上变得更亲和，让女性感到扮演好了自己的角色，获得情感上的满足。

写文案的时候要用心为对方着想，思考你的产品可以如何帮助对方与周围的人建立更好的关系，成就更好的他。看看产品在他周边的各种关系中起到什么积极的作用，多为对方想，便会有答案。

成就别人的同时，你也成就了自己。

让他更健康、更舒适、更美好

每个人都渴望活得更健康、更舒适。你的产品是否可以满足对方的需求，帮他减轻压力，在忙碌中享受片刻的惬意，让他的生活变得井然有序，少一些担心，多一分愉悦？

例如，一个置物架赋予人们的不只是钢板承重，而是让人们的生活变得井然有序，心情舒畅。置物架的文案除了包括产品的硬参数，如最大承重、板材厚度、长宽尺寸，还必须加上应用场景。用了这个置物架，会得到怎样的效果？大家可以参考宜家的产品目录，除了产品照，宜家售卖的每件商品都附有美观悦目的应用场景，让人们获得用后感，感觉生活从此更美好。

置物架的效果照加上绿植和摆设，文案可以这样写：

有了它，生活舒畅有序！

又如，一块小小的洁面海绵赋予人们的是干净的肌肤，同时会让人心里感到纯净。我们除了描述海绵的构造与质感，还可以加上以下的文案：

脸上干净，心里也觉得纯净了！

你的产品可以如何满足用户对美好生活的向往，成全用户对自我状态的追求？有了这个，用户的生活有了什么正面的变化？只要你用心去想，一定会有所收获。

精准就是清晰透明不啰嗦

清晰透明是电商文案的基本要求。清晰来自按用户内心的渴求整理卖点，按先后排序。大家可以参考海报章节的示范。

以下的鲜橙汁详情页文案简洁清晰，做到了如水一般清晰透明：

- "零"添加，"零"浓缩，"零"勾兑，"零"色素
- 每瓶＝6个鲜橙鲜榨，丰富维生素不在话下
- 保质期仅为45天，购买后必须冷藏是我唯一的缺点

简洁清晰不啰唆，最后一句更坦诚说出自己的缺点，这个表面上的缺点，实际是在表现产品新鲜的优势。

清晰的文案令人一目了然，如果再做到如水般透明，更能令人感受到店主的诚意，从而赢得用户信任。例如，一家销售日本金隐枫树的绿植店铺收到用户的差评，表示树苗太小。假如店主能在用户提出意见前主动思考，在店中展示产品的真实尺寸，并配合以下文案，一定可以减少不必要的投诉和麻烦。

纯正的、本真的金隐，虽是很壮的原苗，却没有嫁接的大，给点时间，日后它必定气质超凡。

以上文案本应在店主的脑海之中，但是他没有在用户提出意见之前将缺点变成优势。这种对话式的真诚文案一点也不难写，前提是店家一

定要明白文案是店家与用户沟通最方便的途径，从用户的角度出发，想一想自己的产品有什么地方可能不符合用户的期望，将原因说明白，这样不仅能先发制人，更能用真诚把缺点转化为优点，赢得用户的好感。

好水没杂质，好文案透亮清晰。

T 想一想：你如何在文案中先发制人，避免被动的局面？

精准表达，也可以尝试4U法则

4个U是国外对电商文案写法的建议。这4个U是：Unique，即独特性；Urgent，即迫切感；Ultra Specific，即针对性；Useful，即有用处。

独特性

独特性来自认真研究同类产品的文案，避免因雷同而被淹没。举个例子，某件商品可作为父亲节礼物，我们经常能看到以下文案：

- 送给老人的健康礼物
- 父亲节礼物
- 高端定制送父亲

不少店铺用了这三个比较平淡的标题。虽然标题说明该商品是父亲节礼物，却令人感到冷冰冰，缺乏沟通，没有对话感。这种做法就像我们到旅游点的门店，每家都在售卖差不多的旅游纪念品，让人提不起兴趣。

下面是两种比较不一样的写法：

- 老爸，你辛苦了！
- 父亲爱喝茶，送他！

这两句文案分别属于一个养生壶、一套老人款保温杯，亲切而具有对话性，比上面三个"泛"标题更加吸引人。独特性可来自产品的设计、色彩和功能，例如，送给爸爸的养生壶的详情页可以更具体地去写，加强文案与产品的相关性：

　　　谢谢老爸的养育之恩，请爸爸好好养生！

无论产品有何独特之处，关键是这些特点是否符合用户内心的渴求，如果符合自然可以使用。遗憾的是今天的产品同质化严重，解决办法是让自己写的文案与别人的不同。要达到独特，请看以下建议：

1. 看看同类产品文案的写法，从雷同中发现不同。

2. 看看跨品类产品文案的写法。例如，如果要写美妆产品文案，可以看看和美相关的服装品牌的文案是怎样写的；如果写的是运动鞋文案，可以看看与速度有关的手游手机是怎样描述的。文案一定要扩大视野，积极吸收各方面的养分。

雷同相当于百分之一，你只能是一百个中的一个；独特是百分之百，没人能与你媲美。

3. 刻意练习。要想做好一件事情，练习是捷径。

迫切感

电商直播经常在不经意间带出迫切感。例如，主播一边展示产品，一边随意地说："这款也不多了，只有最后两件。"还有秒杀的倒计时、限量款、实时显示其他客人购买的商品、明确显示商品已经售完等等，这些手段都可以为用户带来迫切感，让用户马上行动。

迫切感还来自以下典型手段：

1. 限时优惠，售完即止。

2. 限量版或热门尖货，数量有限，错过不再有。

3. 别人都在抢，让用户感到不能错过。

4. 先下单得优惠。

5. 内幕消息，只有少部分人知道。

6. 利用人们惧怕错过的心理。

前面的 4 条都可由电商在设置购买规则或直播时完成，内幕消息我们在第 2 章已经谈及，下面再补充一个例子。

一些介质土壤可以令绣球花从粉红色变为蓝色，养花的新手都不知道。对于这类具备知识性的推销，我们可以在详情页中这样写：

行动是逼出来的。对方越紧迫，文案越轻松。

绣球花粉红变冰蓝，内幕全在此！

事实上，许多产品都具备这类知识，例如绿植与相关的产品、烹饪调料和用具、含有特殊成分的护肤品。只要提供的内幕能达到特殊的效果，我们都可以以少部分人知道的秘密或内幕作为标题。

迫切感的另一思路是惧怕错过，我们在前面已经介绍过了，此处不再重复。

针对性

针对性首先来自产品本身精准面对某个市场，例如，不同配方的美颜用品适合不同的肌肤，不同味道的薯片满足不一样的口味。

针对性一般来自观察对方的需要。例如，不加糖的原味酸奶的文案可以根据对方的需要这样写：

　　我知道无糖对你更有益

下面加上无糖对修身的你更适合、对血糖不稳定的孕妈妈更有益、对容易长蛀牙的宝宝更健康……针对喝无糖酸奶的特定人群，文案便可以写得既有针对性又亲切。

做旧款皮制钱包的文案可以这样写：

　　不是每个人都懂得旧东西的美，除了你。

针对性写法最简单的莫过于加上"你"，文案中只要加上"你"，便更具针对性。

加上"你"，无距离。

- 有了这款面包机，你就是天才面包师！
- 原来你的眼睛可以那么大！
- 有了你和这暖风机，一家好温暖！

也可以从包装的大小入手运用针对性，例如 60 袋独立包装的黑咖啡，可以这样写：

> 60 小包黑咖，包你 60 个 super morning ！

看看产品的容量，看看能用多长时间，足够多少人分享，看看是否可以写出情景还原，看看是否具备针对性。我们反复说文案就是沟通和对话，亲切地对着他说，他会更喜欢听。

有用处

带功能性的产品自然有用处。户外太阳能驱蚊灯能有效赶走蚊子，同时可以让人享受无蚊宜人的夏夜；防晒霜可以防紫外线，更能让女性爱惜和保护自己。找到对方内心的渴望，我们可以将产品的物理作用放大为更有说服力的情感效用。

例如，护眼台灯的功能是照明和护眼，更大的用处是"保护"挑灯夜读孩子的眼睛。在文案中精确罗列各种功能点是必须的，除此以外，我们可以加上以下文案：

- 还有什么比孩子的眼睛更宝贵！
- 保护孩子的双眼，多贵都值得

以上文案用父母对孩子眼睛的重视引起同理心的共鸣，说服父母此商品非买不可，别无他选。

再比如，一个充电宝的功能不只体现在各种参数上，参数是必需的，在参数之外，想想它对用户还有什么好处，例如：

一个真正厉害的人，天涯海角不断电！

这个充电器不只能为你充电，更能让你轻松地成为一个厉害的人。后面可以加上各种应用场景，例如在飞机上码 PPT 不断电、在各种人迹罕至的地方不断电，然后再加上它的各种参数和利益点。

从功能出发，我们要写出利益点，从利益点出发，我们要思考产品隐藏的用处。通过深入的观察，多从用户的角度思考，看看产品与用户的契合点是什么，更精准的用处是什么。

找到对方内心最柔软的地方，产品的用处会被彰显出来。

打败敌人，是更高级的精准

无数产品都能帮助人们赶走心中潜藏的敌人。例如，效率手册赶走拖延症，祛痘膏击破青春的烦恼，运动鞋驱赶怠惰的灵魂，修身衣饰击败人们不想面对的体形，等等。

在罗列功能的同时，在脑海中想想你可以如何帮助用户打败他内心的敌人。例如，效率手册可以写得单刀直入，直击拖延症：

一本打败拖延症！

对于明显的敌人，我们可以这样写：

• 2 小时全面歼灭小强大军！（去蟑螂药）

- 迅即抹掉白衬衫的人生污点（去衣物污迹液）
- 征服下水槽的脏乱差（下水槽置物架）
- 一瓶击败岁月（抗皱霜）

写打败敌人的文案可参考以下思路：

1. 假如产品能战胜具体的敌人，例如污渍、异味、令人厌恶的虫害、使人自卑的头屑等，可以直接用"征服""战胜""击败""消灭""击退"，后面加上所战胜的具体事物。

2. 站在对方的立场，想想他心理怕什么，什么是他的痛点。

英雄情结，亘古不变。

3. 想想你的产品可以如何帮助他战胜这些痛点，然后用打败敌人的语句完成文案。

▼ 想一想：你可以如何帮助别人成为打败敌人的英雄？

我在淘宝上看电商文案，几乎可以根据文案写得是否用心判断店家产品的品质，并推断店铺生意的好坏。不认真的文案代表店主不知道自己在跟谁说话，自家的产品到底为谁而做，能为对方的生活带来什么正面积极的改变。好品牌都知道自己为什么存在，好店铺也一样，清楚地知道自己为何而活。

西蒙·西内克（Simon Sinek）在 Ted 演讲中讲述了伟大的领导者如何启发行动（How great leaders inspire action），核心的内容就是品牌和店铺存在的理由，建议大家抽时间看看。

"我希望自己能比宝丝洗衣粉更出名。"

——维多利亚·贝克汉姆

第 5 章

写好品牌文案，前提是真的懂品牌

————————

"人人都是品牌"，这是个流行的说法，相信你也会认同。所以，本章不仅写给从事营销推广的朋友，也写给认同"人人都是品牌"的你。

你是商品、产品还是品牌?

我们的身边充满了品牌。我的书桌上有一个精工牌小闹表、一盒舒洁抽纸、一本无印良品笔记本、一支三菱牌签字笔、一块施得楼橡皮、一个 Kindle 阅读器、一副 Beats 耳机、一部苹果笔记本电脑。我身后的小柜子里有同仁堂感冒胶囊、乐敦眼药水,抽屉里还有数不尽的品牌。那么,到底什么是品牌?为什么品牌像空气一样,无处不在?

空气是没有品牌的,就像我们直接从水龙头接的水不带品牌一样。粮仓里的上亿吨黄豆、在冷库里保鲜的大蒜和土豆没有品牌,它们是货物,是商品。食品厂生产的饺子和汤圆,工厂制造的运动鞋,生产线上刚完成组装的手机,以至世界上所有利用原材料制造出来的东西,都不是品牌。

流水线上川流不息的是产品,不是品牌。商品、产品、品牌是三个不同的概念。商品一般指用于生产的原材料,产品指经过生产后销售给客户的货物。商品与产品同属于生产环节,分别处于生产链条的不同位置，但都不是品牌。

在高度商业化的社会中，人也像是在传送带上运转的产品。网红、大 V、偶像歌手、明星超越了一般产品，他们全部具有品牌思维，所以他们拥有个人品牌，他们身边的经纪人就是他们的品牌管家。事实上，每个人都有机会被塑造为成功的品牌。但在此之前，我们需要厘清品牌的概念。

常见的认知误区

品牌具备名称，通常带有符号和设计，方便人们识别。这是人们对品牌的通俗定义。那么，拥有名称、带有符号和设计便是品牌吗？我们买水果时经常会见到水果上带有一个小不干胶贴，上面会有"李小二"加个笑脸、"福满园""真滋味"等不同的符号，字体都经过设计，有的图案还带有花哨的装饰。

水果贴上了带有设计的名称，方便人们识别。但是，除了生产者和销售者，几乎没有人会注意这些标志。这些水果都有品牌名，然而，有了品牌名不等于有了品牌。

品牌名是客观的、可见的，是那个带有设计标志的名称。而品牌只存在于人们的主观意识中，是人们从品牌名中获得的真实感（例如一双鞋）以及情感体验（拥有这双鞋的感受）。简而言之，品牌是人们看见品牌名后脑海里想到的一切。应用于个人，道理相通，有了头像和名字不等于你拥有个人品牌。

不管是有形的饼干、无形的网络，还是个人品牌，具备接下来这一节介绍的特点才算真正拥有自己的品牌。

T 想一想：你身边有多少品牌，它们是否只是个品牌名？

什么是品牌？

品牌是承诺

品牌赋予人们的不只是商品的功能，更包括承诺人们从中获得的感受。例如，一辆豪车承诺的不仅是 350 马力、5500 功率转速、顶级内饰，还包括这辆车带给人的身份和地位。

品牌赋予人们身份和地位便是品牌给消费者的承诺。不同品牌带给人们不同承诺，有的答应对方"拥有身份地位"，有的赋能人们"走在潮流前沿"，有的品牌让人变得"精明干练"，还有的应允用户"清纯可爱"。一旦品牌做出承诺，便必须履行承诺，答应了就要做到。

品牌像婚姻，总要承诺点什么。

假如你想做一个品牌，想一想你能赋予消费者什么，你能承诺消费者什么？

T 想一想：我最喜欢的品牌是……，它承诺我……

品牌令对方有所期待

基于你的承诺，人们花时间与金钱选购你的品牌，必然会对你的承诺有所期待。如果你所赋予的与对方的期待不相符，对方会掉头就走，去选择别的品牌。例如，以前你可能会认为某运动品牌很酷、很好看，后来有了更酷、更有型的另一品牌，你便不再选择前者，甚至把以前天天穿的那双球鞋收到床底下，因为它已经不再符合你的期待，不再酷了。

如果希望品牌永续，必须不断满足人们的期待。

建立个人品牌的道理与此完全相通。如果你是一个品牌，你将赋予别人什么？你所赋予的是否就是对方渴求的？人们对你将会有什么期待？

> **T** 想一想：我曾经喜欢过的品牌，为什么我会离它而去？

品牌让人很有感觉

停车场管理员看见一辆玛莎拉蒂驶过，带着艳羡的目光，不由自主地惊叹："开这车，真拉风啊！"这是人们对这个豪华汽车品牌的观感。成功的品牌往往令人很有感觉，这种感觉从何而来呢？

很多人认为品牌是商家创造的，但是大家可曾想过，商家预设的品牌形象与消费者脑海中的品牌观感其实没有必然的因果关系。商家只能引导，品牌是由消费者的集体想象完成的。无论是户外路牌、短视频、路演、品牌植入，还是网红助推，不管是线上还是线下，一切推广都是引导而已。商家能做的、要做的，是通过推广内容去引导消费者，成功将自己的臆想变成消费者的想象。

大家有没有注意到，我们身边的偶像也是品牌，他们是人们集体想象的极致表现，更是

品牌不仅是商家的臆想，更是消费者创造的集体想象。

塑造品牌的高手。偶像通过一言一行，千方百计将自己预设的形象变为粉丝脑海中的想象，最后成功塑造自己的品牌。

如果你希望为自己打造个人品牌，不妨观察偶像如何引导自己的粉丝，例如，他们说了什么金句，发了什么照片，推了什么内容，用了什么手段，以什么样的节奏来打造他们希望建立的形象。

好品牌是"承诺"遇见"期待"

消费者认为品牌方提出的承诺是什么，便会对承诺产生一定的期待，一旦期待与承诺完美相遇，一个扎实的品牌便会逐渐形成。

例如，消费者对沃尔沃的期待是安全，而沃尔沃在安全上能做出承诺，所以安全等于沃尔沃；消费者期望香奈儿优雅，而香奈儿以它的历史与产品承诺优雅，于是优雅等于香奈儿。

一群消费者的个人观感加起来成为集体想象与观感，只要这种观感符合商家的承诺与消费者对品牌的期待，这个品牌便能成为好品牌。

> **好品牌是商家的"承诺"得兑现，受众的"期待"被满足。**

> T 想一想：我的个人品牌承诺别人什么？别人对我有什么期待？

好品牌一定具备品牌价值

一个售价 40 万美元的爱马仕 Birkin 包真的比 LV（路易威登）的

更好吗？另一品牌一个价格4000元人民币的包确实跟一个LV包差十万八千里吗？从物件本身来看，绝对不可能。40万美元的包不会比一个4000元人民币的包在用料、做工上优胜700倍，它们之间的差别与售价完全不成比例。

假如我们去问一位手中提着4000元的、心里渴望得到40万美元包的女生二者的区别，她会耸肩莞尔，觉得这个问题太过无知，十分可笑。因为在她心中，这两个品牌不是一个级别，不能相提并论。

这种非理性、纯粹由观感产生的价值，便是品牌价值。品牌价值有无数学院派的解释，这里不做深入探讨，仅做简单说明。

- 品牌价值就是用户对商品或服务愿意额外付出的金钱。
- 好品牌都拥有神奇的魔力，让人们失去理智，甘心多付钱。无论是一瓶法国进口矿泉水，一个名牌包，还是一辆豪车，道理无二。
- 品牌价值不仅可用溢价力衡量，还可以根据用户的非理性行为判断。例如，某名牌店限定购物人数，需要排队才能进；某限量版球鞋要求用户付费参加抽签，能够参与的人却万分欣喜，觉得相当荣幸。
- 总的来说，消费者愿意付出的额外金钱越多，自愿自觉的非理性行为越甚，品牌便越有价值。

创造品牌价值需要打造品牌文化和进行品牌推广。我们看到的名牌时装在高端商场做户外大牌，名车赞助古典音乐盛会，名牌运动鞋请篮球明星做推广宣传，咖啡店赋予用户个人空间与打造咖啡文化，都是创造品牌价值的手段。品牌一旦拥有价值，便能增加其溢价能力。在后面的品牌故事部分我们会谈到这方面的内容。

把品牌思维应用于个人，道理是一样的。谁是最成功的品牌？最受欢迎的偶像是世界上最成功的品牌之一。为什么他们成功？因为他们拥有最多粉丝。什么是粉丝，粉丝有什么特点？粉丝是一群甘心为自己的偶像做出非理性行为的人，其中包括跟踪、偷窥、偷拍明星日常生活的"私生饭"；跟着偶像全球巡回演出，偶像出现在哪儿就亢奋尖叫到哪儿的铁杆粉；还有无数往台上扔毛绒公仔、内衣的女粉丝；等等。越多人做出非理性行为，偶像自身的品牌价值便越高。

品牌价值＝用户愿意额外付出的金钱及非理性代价

好品牌经得起"转行"测试

判断一个品牌就像看一个人。一位诚实可靠的班车司机转行去开小吃店，你会相信他不会用地沟油和黑心食材；一个具有鲜明个性的品牌转去经营其他领域，我们不用多想，便知结果如何。

成功的品牌都经得起这个超级简单的"转行"测试。

假如爱马仕开一家酒店，我们能想象这家酒店一定品位超凡，连床单被子都是手工缝制的，每个细节都追求极致。设想耐克要开一家酒店，这家酒店应该活力十足，除了电梯，还有很酷的互动楼梯，让客人出入不忘运动，高高兴兴跑楼梯。

我们可以看到这两个品牌都有清晰鲜明的个性，一个追求工艺的极致，另一个活力十足，充满正能量。

每个成功品牌的个性都不同，个性鲜明是成功品牌不可或缺的因素。假如品牌的个性能顺理成章移植到新的领域，这就是一个成功的品牌。相反，没有确立个性的品牌只会是无源之水，无本之木，很难引发想象。

T 想一想：你喜欢什么品牌？如果这个品牌转去开酒店，你觉得这家酒店会有什么特色，品牌的个性又是什么？

品牌不是 Logo

为什么人们看见不同汽车的 Logo 会产生不同的感受？Logo 是品牌吗？

假如品牌是兑现的承诺，Logo 便是对承诺的重现，以达到提醒的目的。

看见可乐的 Logo，我们会想起可乐赋予人们乐观快乐的精神；顺丰的 Logo 承诺可靠；宝马的白加蓝与黑色外圈上的"BMW"，提醒我们这个品牌能带给人们驾驶乐趣。

没有品牌内涵的 Logo 只是一个标记，就像我们上面提到的水果上的 Logo 一样。我们在街上经常见到用三个字母组成的 Logo，例如，大苹果连锁餐厅的 Logo 是 DPG，吉利顺洗车连锁的 Logo 是 JLS，这些放在店前的 Logo 缺乏品牌内涵，只是一个标识而已，有名无实。

Logo 不等于品牌，没有品牌内涵的 Logo 只起到识别的作用。

所以，不要以为有了 Logo 便等于有了品牌。只有炫目的 logo 而缺乏内涵的品牌，只是一个识别标记，和品牌相差甚远。

T 想一想：你身边有多少 Logo，有多少是品牌？

想建立品牌，请先回答两个问题

无论你是给自己创造个人品牌，还是为别人打造品牌，你必须回答两个绕不过去的问题：

1. 你的品牌是给谁的？
2. 你的品牌赋予人们什么？

你的品牌是给谁的？

假如你是一瓶洗发水，你不可能适合全世界所有人。

许多品牌方希望自己的品牌人人皆知，家家赞好。这跟过去品牌的宣传方式与渠道有关。过去几十年，付费广告是宣传品牌的主要途径。家家天天吃过晚饭看电视，电视机前有中年人、青年人、少年、老人、牙牙学语的小宝宝，广告是给所有人看的。那个年代，品牌方也就是广告主只能根据电视节目的类型、过去的收视率报告、各种调研与假定，执行广泛的所谓精准投放。

互联网的出现打破了这种广泛的宣传模式。今天，我们的手机使得每个人手中都有一台个人专属的信息终端，可以简单比喻为每个人都有一台专属的电视机和信号发射塔。品牌能通过平台获取人们的信息，通过大数据分析，实现真正的精准投放。

互联网同时也赋予个人更大的权利，让人人快乐分享，热情点评。个人变得史无前例的巨大。千人一面变成了唯我独尊。世界变成一个一个小点，每个小点是每个个人，每个个人亦是一个世界，远看是小点，近看是世界。

世界不再千人一面，而是唯我独尊。

每个人都是一个世界，人人都是一个故事，每个人都有不同的渴望、不同的问题。比如，针对三千烦恼丝，世界上有数不清的洗发水配方；而在以前，只有油性、中性、干性与去头屑的简单分类。

我们身边的产品与服务变得丰富多元，其中一个原因是互联网为个人赋能，让人人感到自我变得极为重要，需求个性化便成为重中之重。

你必须找出你的品牌真正要对谁说话，为谁解决什么问题，清晰定义你要把产品卖给谁。无论你要建立个人品牌还是你就是品牌主，你一定要找出真正会对你的品牌感兴趣的人，唯有这样，你才可以集中火力去思考，去行动。

目标不用过大，精准为上。瞄准小目标前进更为可行，也更加可取。你要出征的星球在哪儿？这个星球有什么特征，上面住的是怎样的生物，他们平常喜欢做什么，他们喝什么东西，聊的又是什么？

T 想一想: 狠狠问自己:"我的星球在哪儿?"

对任何创业者来说，没有什么比找出真正的用户以及发展这些用户更为重要了。无论你是经营一家电商小店，运营一个公众号，还是发明一个新产品，写一篇文案，你都必须找到你的真正用户。同时，你要认真思考下面这个问题:"我做的"是否就是"对方想要的"？

> 每个人都是一个世界，每个世界的渴望与难题都千差万别。

对方是谁，他到底渴求什么？无论是卖煎饼果子的，还是一位当代艺术家，如果你需要与对方进行交易，你都需要思考这个基本问题:"我做的"是否就是"对方想要的"？因为唯有做到"我做的"与"对方想要的"高度契合，对方才会买单，你才有可能受到欢迎。这是我在广告行业学到的道理。事理往往有多种解法，但殊途同归。

"我做的"就是"对方想要的"，这就对了。

你的品牌赋予人们什么？

如果你是卖围巾的，你肯定你卖的是围巾吗？

假如你是卖高价位围巾的，你认为你卖的是什么呢？你卖的是围巾能保暖吗？能够花 2000 多元买一条围巾的女士，衣柜里大概已经叠好了 10 条以上围巾，加上她们出入都有暖气，根本不需要保暖。

从功能的角度出发，没有人必须要一条 2000 多元的围巾。我们生活在一个物质极大丰富的时代，大部分人的基本需求已经被满足，吃饱穿暖已经不是问题。所以，用户愿意花钱买你的高价围巾往往是因为：

- 她觉得这个品牌曾经为国际大牌代工，十分高端。
- 她觉得围巾由青藏高原的藏族牧民手工编织，很酷很另类。
- 她觉得这个品牌的创办人有故事，有个性。
- 她觉得这个工坊有使命感，有文化。
- 她觉得自己戴上这条围巾后的感觉好极了。

用户想从这条围巾得到一些感觉，保暖功能并不是她考虑的首要因素。她可能觉得这个小众品牌有品位，认同这个品牌的价值观，喜欢产品照中的藏族模特……事实上，品牌赋予人们的是"感觉"，人们买单也是为了"感觉"。品牌赋予的承诺与用户心中的期望，核心也是感觉。感觉由多方面综合而来：产品品质、产品设计、包装、品牌故事、品牌理念、品牌推广、品牌活动，每一个接触点都会赋予用户不同的感受。

所以，我们必须考虑品牌能令人们产生怎样的感觉。

- 赢得别人的羡慕、尊重和赞美。
- 让她觉得十分好看十分美。
- 令他笑得开心。
- 使他内心安宁。
- 让他觉得愉悦。
- 令他感到新奇、有创意。
- 使他感到很稳妥、很安心。
- 让他怀旧，回想过去美好的时光。
- 感到十分浪漫。
- 觉得很健康，对自己和家人负责。
- 觉得自己敢作敢为，有冒险精神。
- 使他感到属于某个群体，例如属于一个地域、一个民族。
- 让他感到潇洒自由，无拘无束。
- 令他受到鼓舞，自我得到肯定。
- 鼓励他聆听内心的声音，走自己的路。
- 感到自己有勇气，压力之下毫无惧色。
- 让他觉得自己做了笔精明的投资。
- 帮他（她）很好地扮演某个角色，例如成为一个理想男友，或者成为一位好妈妈。
- 使他感到一天的辛劳得到慰藉。

> **T** 想一想：你的品牌能赋予人们什么感觉？答案不一定限于上面。

　　文案的工作是引导和带领，使用户想象自己能获得所期待的感受。感受有千万种，但以下这个道理永恒不变：人们获得的正面感受越深刻，品牌越成功。

"人们沉溺故事。即使睡着了，还在梦中不断编织。"

——乔纳森·戈特沙尔

第 6 章

讲好品牌故事，让你的文案一字千金

故事，仿佛就在我们思维的基因中。人类学家认为故事是推动人类迈向现代文明的重要因素之一。从古到今，我们不断为浩瀚无边的宇宙和身边的事物讲故事。我们编造月亮里有宫殿，天上有宙斯与王母娘娘，海底有龙王坐镇龙宫，戴上戒指便能隐身，还有星球大战和玩具总动员……人类对故事的热情，从未停歇。

成功的品牌都是讲故事的高手。可口可乐为我们讲快乐的故事；耐克给我们讲不屈不挠的故事；苹果告诉我们乔布斯的故事，乔布斯也为苹果讲故事。讲故事，是引导消费者、建立品牌的好办法。我们在上一章提到的品牌溢价能力，便是从品牌故事而来。

你要讲的是什么故事？

每个品牌都是独立的个体。不同的品牌来自不同的行业，拥有不同的市场，面对不同的受众，做出不同的承诺。辣味花生不可能跟医疗器械讲一样的故事，儿童积木的故事也很难跟芝麻油的故事相同。

你要讲述的是怎样的故事？无论你要讲的内容是什么，请思考并认真回答上一章提到的两个关键问题：1. 你的品牌是给谁的？ 2. 你的品牌赋予人们什么？

这两个问题的重点都指向对方。对方是谁？对方在哪里？对方喜欢做什么？请记住：对方不会主动寻找你的品牌故事，你的故事需要与他眼前所有的信息竞争以赢得他的青睐。你需要知道对方爱看什么，你赋予的是否就是对方想要的。

先看看人们喜欢听什么故事。以下是谷歌对视频内容调查得出的人们喜欢看的视频内容（按先后排序）：

1. 能使我放松
2. 教我东西
3. 让我对个人兴趣有更深的认识
4. 逗我笑
5. 与我热爱的事物相关
6. 具有启发性
7. 让我忘掉身边的世界
8. 使我获得更丰富的知识
9. 回应我关心的社会话题
10. 大制作

如果我们还是以传统的广告方式思考，盲目相信大制作、大明星，恐怕会掉进过去的思维模式中，忙了半天却不一定是对方想要的。大制作在过去的调研中排名前五，现在已经落到后面，背后的原因是信息民主化、平民化。

互联网是开放的，在开放的虚拟世界，以开放的态度打造品牌，是最聪明的策略。打造品牌是一个十分广泛的课题，品牌也不是一天建成的，品牌故事需要持之以恒讲述。故事讲得越好，品牌的价值越高。我在这里提出一些方法供大家参考。

怎样讲品牌故事

教你做

假如一家黏土玩具厂家需要建立品牌，我们要问：谁在买？对方为什么买？他们面对的障碍是什么？黏土的购买者是家长，妈妈买黏土是为了孩子有东西可玩，但她怕买回来不知道怎样具体操作。所以，"教你做"的视频可以帮到妈妈，解决她的难题。

如果我们能更进一步，让妈妈感到这些黏土不仅可以做成鸭子、猫咪、树、鸟，而且能够启发宝宝的创造力，妈妈必定会觉得收获更大，会排除万难学会如何操作。我们可以制作这样的视频内容：

- 用黏土做出八大行星，用实体形象让孩子认识我们的太阳系。
- 按霸王龙与孩子的身高比例做二者的微缩版，让孩子感受大小对比。
- 用黏土做出一朵向日葵，与孩子一起寻找红彤彤的太阳。

发挥孩子的创造力是这个品牌提出的主张，"教你做"的视频是品牌故事的内容。日积月累，人们便会对这个品牌另眼相看，因为喜欢品牌讲的故事而爱上这个品牌。

这些视频的内容可以是大人与小孩的双手一起用黏土进行创作，配上音乐与字幕，视频后面加上发挥孩子创造力的文案和产品 Logo，最后加上 CTA（Call to Action，行为召唤）邀请用户一起创作。用户将作品发来后，品牌方可以重新剪辑成视频，成为源源不断的品牌故事。

"教你做"的视频不一定需要演示产品功能，我们要不断去问用户内心想要的到底是什么。

下面是另一个例子。

书房家具如果想要建立品牌，不一定要教导人们如何布置书房。用户购买书架和书桌是为了寻找自己的精神家园。我们要问，为什么人们要寻找精神家园？原因很可能是生活太紧张，人们需要放松，需要让自己安静下来，好好看书。

我们可以请一位拉伸教练在一个雅致的书房教人们做简单的拉伸动作或是冥想，帮助人们舒缓紧张的情绪，获得安宁。

在拍摄的时候多花心思布置场景，将雅致的家具陈列其中，让人们感受书房赋予的安宁，感到这个地方就是自己向往的"精神家园"。用户喜欢这个空间，自然会潜移默化对空间里的家具另眼相看。

"你的精神家园"是这个品牌的核心主张，通过"教你做"的视频教导人们如何打造"精神家园"是这个品牌要讲的故事。经过长时间积累，不断补充内容，品牌便能逐渐在消费者心中留下良好的印象。

对于个人品牌，道理是一样的。不管你是教人美妆还是教人做饭，你必须考虑对方内心真正的渴求，回应对方内心所想，清晰知道他们需要什么，用你的承诺回应对方的期望，便能讲好你的品牌故事。

思考用户想要什么，便会知道要教什么。

> ▼ 想一想：你的品牌可以教对方什么，你可以与人们分享什么？

用案例讲故事

有些职业比较冷门。我有一位朋友是色彩师，工作内容是颜色设计，为高级时装提供色彩搭配以及染布工艺建议，同时为对色彩有要求的个人提供咨询服务。她的职业很特别，开始的时候我听得一头雾水，后来看了她的工作照，才真正了解她做的是什么。我觉得有些品牌就像这位色彩师，比较冷门，离人们比较遥远，不是三言两语可以说清楚的。

如果品牌具有下面的特点，可以采用案例法来讲品牌故事，让别人了解你。

- 人们感到与品牌相关的业务和自己的日常生活不太相关。
- 品牌提供的服务或产品相对复杂。
- 品牌相关的受众为特定群体。

例如，智能移动办公平台的应用情景多元复杂，通过几句文案很难说清楚。而使用案例手法，我们可以将品牌结合应用场景，把故事聚焦到一部电影或纪录片的制作上。围绕制作团队通过这个智能移动办公平台实现试镜试妆的文件分享，导演与其他团队成员在各地取景并进行视频会议，道具与场务利用平台轻松报销费用，拍片的通告一一顺利执行，展示平台如何为每个人赋能，帮助大家排除万难，最终成功上映或播出。

智能移动办公平台还可以帮助人们实现时装秀、音乐会，或是实现网红身在国外与本地团队的无缝协作。

我们可以将这个智能移动办公平台的品牌主张定为"成就更多"，将本质比较冰冷的品牌与人们感兴趣的事物结合起来详尽表现。通过对方"想看的"，实现品牌"想说的"。

在人们不清楚你是谁，你是做什么的，你能赋予对方什么的情况下，用案例方式讲述品牌故事，立体演示品牌，比空洞大气的文案更能一矢中的。

T 想一想：上面举例的智能移动办公平台还可以使用什么案例法？

讲好自己的品牌故事

看看今天最受欢迎的 UP 主，我们便会明白无论年龄与颜值，人人都可以当主角，讲自己的故事。品牌也一样，只要有故事，人们便愿意聆听。

故事 = 人物 + 困境 + 尝试摆脱困境

品牌讲自己的故事采用的基本结构，可以跟民间传奇故事相同。故事包括品牌创建者遇到重重困境，通过其顽强的意志与快速有效的行动，最终冲破险阻，开创了新天地。这样的故事主角不限于乔布斯和马云，任何不断努力的小店也会有类似的经历。

任何创业者都应该记录自己的经历，为经历留下视觉资产，例如：

• 拿起手机拍下你的品牌发祥地。一间破平房，一个路边小摊，一个不见天日的地下室，都是故事引人入胜的好开始。

• 用照片与视频记录你与工作伙伴不眠不休，一起奋斗。

• 让人们知道你们为提高产品质量与服务煞费苦心。

品牌讲自己的故事有多种方法，下面是一些建议：

• 以时间为轴比较容易掌握。例如：某年某月在某个偏远的角落……采用年、月、

你不自己记录，别人也不会记住你。

日、地点，再加上人物，根据品牌的发展历程将故事展现在人们的眼前。

- 可由创业者自己讲述或是采用第三视角客观陈述。
- 不需要炫目的特效与大制作。假如预算有限，使用照片配上声音也能成为动人的故事；预算足够的话，可以选择实拍或使用有趣的动画。

> **T** 想一想：马上收集你的故事素材，为你的品牌留下印记。

请别人来讲你的品牌故事

证言式故事是建立品牌常见的手法。证言也就是"请别人来讲你的品牌故事"。故事宜真不宜假，难点在于寻找真实的好故事。

故事在哪里呢？

从用户留言中寻找

只要用心就会发现，故事就在我们身边。我在淘宝上便看过用户在留言中写下自己与行李箱的故事：

- 给男友买的两周年纪念日礼物，不大不小刚刚好，我的男友 1 米 83，箱子很适合他。
- 和我以前用过的很相似，以前的丢在了长沙。感觉像找回很多东西。

这些留言稍加整理便能成为生动的行李箱品牌故事，为品牌创造价值。根据这些留言，我们可以将品牌主张定为"满载难忘"，沿着这个品牌主张不断充实内容。

除了用户留言，品牌故事的素材还可能在对同类品牌的评价中，也可能在对竞品的评价中，可能在淘宝、京东，也可能在微博或其他平台。花点儿时间去发现，一定会有收获。

通过客服收集

客服不仅仅是处理投诉的人，更是听故事的人。多年前一家果仁电商以半夜陪用户聊天而制造了市场营销的话题。我相信这些聊天内容都能变为品牌故事的好素材。不妨将收集故事变为客服的工作任务之一，一个月收集一个好故事，一年便有 12 个，相当可观。

与新闻或纪录片专业人士合作

如果预算许可，可与新闻或纪录片专业人士合作。国内有许多优秀的新闻或纪录片导演与制作团队，他们擅长挖掘故事，懂得用事实感动人们。

讲品牌故事要多打情感牌。人是情感的动物。情感不限于人与人，人与品牌同样有情，例如乔丹与耐克相当于灰姑娘与玻璃鞋。一个人和一双袜子、一个马克杯、一碗面都有说不尽的故事。请别人为你讲一个充满情感的品牌故事，是创造品牌价值的好办法。

情感投资，保本保息，保证长期高收益。

> **T** 想一想：现在去看看用户评价、竞品评价，从评价中寻找属于你的故事。

寻找幕后故事

看电影时人们喜欢看花絮，比如被剪掉的片段、NG 镜头、制作花絮等，这些内容让人们从另一个角度了解一部电影，从而进一步加深印象。如果产品是具有工匠精神的制作者手工制作的，将产品的制作过程展现出来，能令品牌更有温度与品位；假如产品的原料来自深山或人们向往的某个地方，将那里的地理环境展现给人们，可以加强品牌的可信任度。

幕后故事一直是广告宣传的经典手法。农夫山泉曾经创作了一些优秀的短片，用水源讲品牌的幕后故事。爱马仕、Burberry（博柏利）等奢侈品牌也经常用工艺精湛的工匠说品牌。

幕后故事不限于名牌，手工打造的工具、食材、茶叶、手工缝制的服装也适合使用这种手法。

科技产品同样有无数生动感人的幕后故事，例如产品设计灵感的闪现、设计师的个人经历，都可以成为故事的源泉。

讲述幕后故事，可以从人物、时间和工艺入手。例如，一些农产品只在某个节气才收获，一些手工织品必须使用某个季节出产的原材料，工匠需要经历多长时间的训练，需要掌握什么样的特殊技能，设计工作室的特殊采光，等等。不妨想一想，有没有出色的手艺人或专业人员可以作为你的品牌故事的主角？

> **T** 想一想：你的品牌有幕后故事吗？有没有一些特殊的环节可以放大？

用好明星的力量

　　户外路牌广告常用偶像明星，由于表现形式千篇一律，往往很难分辨谁为谁代言。有时候我甚至觉得是品牌为明星代言，是品牌帮明星宣传，而不是明星为品牌加分。如果希望用明星，我们是否可以让明星不当纸板人，而是演出有血有肉的角色，像电影一样引人入胜？看到打车软件请明星代言，我心里不禁这样想：

- 请明星代言打车软件，是否可以让明星变身车队的司机之一，接送客人？
- 设想明星戴上墨镜与帽子去接单，与乘客聊天，最后终于被乘客认出，充满惊喜！
- 将摄像机装在车中，便可以拍摄客人与司机有趣的对话，成为有趣好玩的短视频，制造话题，吸引眼球。

　　只要愿意花钱，请明星代言不难，但如何用好明星却不是简单的事儿。想一想明星是否可以当快递小哥，做销售员，或是成为客服？让明星做些有趣的事情会更有吸引力。花每一分钱都必须物超所值，何况花大钱呢。

让明星不像明星，
会更闪更亮。

> ▼ 想一想：你见到的路牌广告涉及多少明星？这些广告的承诺是什么？它们能否做到"所做的"便是"对方想要的"？

不要浪费好评

口碑是最有价值的免费文案，好评可以成为你的品牌故事的素材。收集用户的好评，将好评制作成海报，应用在店面、主页、社交媒体推广上，再把设计图配上音乐，便能成为你的品牌宣传视频。

让买家成为品牌大使

联系给予好评的客户，征求对方同意后使用其给出的好评，同时给予他更多 VIP（贵宾）礼遇，让他成为你的品牌大使。

好评必须有针对性

选用的好评不能是"物流真快！""还未试，看来不错""服务真好"这类通用评价，而是必须与品牌相关，更需要回应用户的内心需求。思考用户希望从你的品牌获得的感受是什么，例如，食物赋予全家共享的欢乐，美妆得到意外的好效果。

简洁为上

如果没有专业的美术设计，那么简洁永远是最恰当的选择。将好评放在美观的产品照上，或是使用搭配适宜的纯色背景，均是可行的方法。

浪费别人对你的好评是最大的浪费。

> ▼ 想一想：马上收集有价值的评价，创作你的品牌故事。

来场"问与答"

对于含有黑科技或新生事物的品牌，可以用"问与答"进行品牌宣传。例如，人人都知道有机食品，却不太清楚有机的优点是什么？是不是更有营养？为什么价格那么高？怎样的认证才可靠？又例如，活性氧为什么会出泡泡，为什么可以去茶渍，是否对人体有害？通过问与答，你可以解开人们的疑虑，通过赋予对方知识来建立品牌。

进行"问与答"的品牌宣传可以采用以下步骤：

1. 找问题：从知乎、百度、微博、微信等平台收集自身品牌和其他竞品的常见问题。

2. 找感觉：将用户渴望从你的品牌获得的感觉写下来。

3. 答问题：回应找到的问题与客户希望得到的感觉，将你的答案写下来，包括你的品牌所做的、所具有的、所能承诺的行动。

4. 定形式：可以选择真人自问自答，也可以采用字幕形式回答。

5. 写稿子：如果是真人自问自答，请写下详尽的稿子，多次排演后再制作；如果是字幕形式，文字必须短而精，避免使用长句子。

6. 定长短：如果内容过多，可以分成系列视频。

问答的内容一定要以用户希望从你的品牌得到什么为过滤的条件，不能答非所问。很多人认为"品牌"是个大词，必须严肃大气。然而，事实告诉我们，能丰富对方的知识，使人放松，是最受欢迎的问答内容，也是建立品牌的好方法。

建立个人品牌也可以采用"问与答"的方法。如果你是营销专家，你可以总结人们的销售推广难题，自问自答；假如你是美食达人，不妨收集用户的常见疑问一一解答。通过问与答，不仅可以与对方建立融洽互动的关系，还可以表现自己广博的专业知识，树立权威性。

> **T** 想一想：找出对方的常见问题，深入浅出地做一场"问与答"。

用演示呈现

不少人以为品牌宣传必须写下远大的愿景、品牌的发展历程、团队的协作，表现企业志存高远、征服世界的梦想。如果品牌宣传片是内部使用或用于销售大会与官方接待，这类传统的品牌宣传片必须这样做，而且自有它的存在价值。

假如你希望向消费受众宣传品牌，必须站在对方的立场思考。想一想你的愿景是否能让他放松，教他东西，逗他笑？如果做不到，那么请放弃将自己心中想说的强加于对方的想法。

用户对品牌最直观的感受来自产品，倘若你的产品出色到足以为品牌证明，演示是建立品牌的好手段。

演示不只是展示产品功能，更重要的是让对方收获他内心渴求的感觉。你能使对方惊叹、放松、安心还是兴奋？寻找他所渴求的，用演示回应他的需求。

你可以直接通过产品演示宣传品牌，更可在技术上进行探索，看看是否可以通过技术，让对方将产品虚拟放置在他的家中进行体验，从体验中感受品牌的承诺。

演示不限于真人演出，还可以采用动画或是有趣的信息图表达。

以生动轻松的直播，甚至以试吃的方式，将产品免费送给用户，请用户来演示也未尝不可。

人们经常执着于产品宣传不同于品牌宣传。如果产品是讲品牌故事的好素材，我认为没有必要执着于固有观念。例如，戴森在国外的品牌宣传片是直接由戴森先生在门店为大家演示和介绍产品，以一个小小的无线直发器讲述品牌的承诺。

你的产品便是你手中的资源，你的资源越优秀，你的故事就会越吸引人，你的品牌在人们的心中也会变得更卓越。卓越的品牌，会令人感到你的产品更加可靠优质，由此形成良性循环。

建立个人品牌，道理相通。自问一下，你个人拥有的资源是否足够优秀，是否足以创造卓越的品牌？

> **T** 想一想：演示类的品牌宣传对产品有什么要求？先决条件是什么？

干脆不说自己

我们的手机接收的内容大多是自动推送的，大部分人都习惯点击推送的内容。如果你清楚你的品牌受众关心什么话题，喜欢看什么，那么可以从他爱看的内容着手进行品牌宣传。

例如，节能环保车主大部分都关注环保，所以你的品牌宣传可以围绕对方关心的一些话题，比如，地球上的蜜蜂面对怎样的环境挑战？冰川融化将对地球及人类造成多大的影响？

在品牌宣传中干脆不说自己，而与对方交流他感兴趣的内容。通过分享他关心的话题，在价值观上与对方形成共鸣。

共鸣是达成销售目标的前提。只要品牌与用户有了共鸣，实现销售自然更有把握。至于是否能达成理想的销售目标，还需要在各个环节多下功夫。把产品细节留在产品介绍上，让有兴趣购买的消费者仔细研究。

品牌宣传不限于自创内容，你还可以通过冠名赞助、洽谈版权、资源置换来实现。如果预算有限，只用照片配旁白讲故事，也可以做到小而美。

建立个人品牌，不需要以己为重，多考虑对方的价值观与兴趣，从共鸣中可以收获更多。

卖自己的东西，要说别人感兴趣的事儿。

> **T** 想一想：你的受众对什么感兴趣？你可以提供什么内容引起他的共鸣？

拿过来改编一下

多年前英国《卫报》将三只小猪的故事改编为短视频《小猪杀掉大灰狼》，表现新闻的力量，成为品牌宣传的经典。新冠肺炎疫情期间素人歌手改编《寂静之声》（The Sound of Silence）的歌词，劝导人们乐观积极，在海外赢得不少掌声。改编是创作的常见手法，音乐和小说常运用改编。建立品牌，同样可以改编。

当人们看到自己熟悉的事物，自然会被吸引；当事物被颠覆，违反了人们的固有认知，人们会更加关注。改编大家熟悉的电影片段，改编经典台词，改编歌词，改编流行句，改编经典童话故事、民间传奇，如果改编得好，可以成为建立品牌的聪明办法。

使用别人的知名度为自己开路，听起来有点不劳而获，但只要掌握好尺度，也是创作的一种方式，同样可以取得好效果。

可以尝试改编其他广告的高大上文案去说自己品牌的小而美，用幽默的手法，从否定建立肯定。句式可以用：没有"华丽的什么什么"，却有"难得的什么什么"。后者的"什么"必须符合用户内心想要的。

试着思考一下，铁扇公主的芭蕉扇是否可以改编用于空调或油烟机的品牌宣传，网上正流行的那句话是否可以改写为你的品牌承诺？将触角延伸到工作以外的领域，可以收获更多创作的灵感。

改编需要注意版权。如果没有购买版权而公开发布改编的电影或歌词，会惹上官司，千万要留神。如果是经营个人品牌，这方面的限制相对比较宽松，但也要以不引起法律纠纷为重，请谨慎斟酌。

把自己的故事掺进别人的故事里，有戏。

> **T** 想一想：试将一个古老的传说改编成一个真实品牌的宣传故事。

用户生成内容

朋友圈常见人们晒生日礼物、花束和生日蛋糕。站在品牌推广的角度看，相关品牌没有好好利用这些照片资源，这些照片可以说是被资源浪费了。如果相关品牌懂得好好利用用户自发的内容，便可以免费获得用户生成内容（User Generated Content，以下简称 UGC），让用户来为你讲品牌故事。

让用户为你生成内容，有一个先决条件：你一定要让用户从中有所收获。

将 UGC 变成货币

人们对 UGC 的理解通常是宣传内容，但我也看到有一个品牌将 UGC 提升到了一个更有意思的层次。

美国时尚品牌 Marc Jacobs（马克雅克布）两家快闪店开业的时候，只接受顾客分享的内容作为货币。假如顾客看中了任何包或衣服，只能使用自己在社交媒体分享的照片与推文作为交易货币，不能以信用卡或通过支付平台购买。顾客只要生成内容，达到一定的数量，便能获得自己看中的产品。顾客开心，店面也人气十足。

品牌方在开业当天虽然没有收到金钱，却得到了千金难买的好口碑，真是一笔划算的买卖。

> **T 想一想**：将 UGC 变成货币可如何应用于一个首饰品牌？

把用户的晒图变成网站首页

购买是一个参与品牌活动的过程，很多品牌的忠实粉丝乐于参与品牌活动，甚至乐于协助塑造品牌。

在评论区或社交媒体上看见用户晒图，你可以将优选作品变成你的网站首页或品牌宣传物料。你也可以举办晒图活动，邀请用户参与，给予奖励与荣誉，让他们的作品公之于世。

你能点燃的热情越高，就会有越多人参与。

请对方做点事情

成功的 UGC 案例常与"富兰克林效应"相关。

富兰克林有一次在议院发表演讲，遭到另一位议员全面否定和当面批评。他想争取这位议员同意议案，却不知道该怎么办。后来，富兰克林打听到这位议员家里有一套十分珍贵的书，于是他给对方写信，婉转提出借书的要求，没想到对方竟然爽快地答应了。此后，双方在议会厅见面，这位议员态度平和，表示以后随时乐意为富兰克林效劳。从此二人成为终生好友。

创造品牌价值，讲品牌故事，要想想你的品牌有什么需要别人帮忙的。

让别人喜欢你的最佳办法不是去帮他，而是请他来帮你。

- 新产品该起什么名字好？你可以请用户帮忙起名，一旦选中，要让对方的大名广为人知。
- 包装不知道应该用黄色还是绿色？你可以邀请用户发表意见，参与投票。
- 价格应该定为 7.9 元还是 8.8 元？看似愚蠢的问题，也能满足对方自我强大的内心。

将用户参与的结果变成品牌宣传的内容，为对方提供奖励。这样，用户在得到激励的同时，也会默默成为你的品牌推广大使。

假如你与客户之间的交易超越了金钱与货物，你能赢得的便是超越金钱的忠诚度。

应用 UGC 的时候，要永远将用户的"自我"放大。在用户同意的前提下，将其照片、视频、话语署上名，放在显眼的位置。如果举行活动，也勿忘尊重对方，可以将活动命名为"You X 某活动"，永远突出对方。

利他利己

利他利己是思想的利器，更是宣传品牌的有力方式。

例如，一个行李箱包的品牌故事可以围绕帮助人们潇洒出游展开，让品牌赋予人们的不只是一个箱子，还有使人们忘掉现实生活的压力，幻想自己走遍世界，玩得潇洒。

这个品牌故事可以包括多方面的内容，例如：

- 专业摄影师教你旅行自拍秘籍。
- 带你尝尝鲜为人知的罗马美食。
- 你一定要去的世界最美 10 个小岛。
- 教你精明买遍巴黎名牌。
- 提前学会太空漫游须知。

又例如，家用电器品牌可以设立实体家宴厨房和饭厅，以直播或实拍方式，让用户在体面雅致的体验中心做饭，帮助用户与家人享受一顿难忘的家宴，形成品牌故事。儿童益智玩具品牌可以用音频或与音乐推广机构合作，教小朋友聆听莫扎特的音乐，与品牌主张契合，帮助孩子开发大脑潜能。相关的教材或活动及延伸的宣传，都能成为品牌故事的好素材。

这样帮助别人完成梦想的创意不胜枚举，可以自由发挥，无限拓展。

先为对方提供帮助，然后由对方帮你把故事讲完，以达到理想的宣传效果。好故事经常有这样的魅力：你抛砖引玉，对方会帮你把故事好好讲下去，结局往往让人意想不到，满是惊喜。

世界上有数不尽的品牌，讲不完的品牌故事。这些精彩的故事，等待负责文案的你用心编写。

T 想一想：如果你在经营个人品牌，你可以帮助对方做些什么事情？你可以如何利他利己？

"假如你想说服我，你必须想我所想，觉我所觉，言我所言。"

——马尔库斯·图利乌斯·西塞罗

第 7 章
你天生就是文案，真的没必要谦虚

——————

爸爸妈妈：

关于养狗这件事，现在有个好消息。昨天，润润告诉我他们家下个月要移民加拿大了。他们不打算把毛球——他们家的金毛犬带到国外，所以润润问我是否可以收养毛球。免费获得一只名贵的金毛犬，这真是一个天大的好消息！

有了毛球我可以利用遛狗的时间锻炼身体，爸爸不是常常说我缺乏锻炼吗？我与毛球一起锻炼，可以说是一举两得。带着威风凛凛的毛球去游乐场，小新他们肯定不敢欺负我了。如果爸爸下班太晚，家里有了毛球，我和妈妈会觉得更安全。毛球很壮，可以帮我们看家，它的叫声很响，一定可以赶走小偷的。

狗是人类最忠实的朋友，我希望爸爸妈妈再考虑一下养狗这件事。而且这次能够免费获得一只名贵的金毛犬，真是一个千载难逢的好机会。我打算努力积攒零花钱，用来买狗粮，这样我就能学会把钱用在有意义的地方。爸爸妈妈请放心，我会在学习上加倍用功，把试考好的。

我特意给你们写这封信，希望你们能同意。

儿子上

每个人心中都有一个梦，这个男孩的梦想是养一只金毛犬。他说尽好话，希望通过自己在信中列出的各种理由说服父母：遛狗锻炼身体，带着大狗就不会被小朋友欺负，狗能看家，能赶走小偷，买狗粮可以学理财。这一切的好处全都可以免费获得。小男孩像是推销员，"说服"他的父母，通过"说服"来达到他的目的。

什么是文案？

对于正在从事文案工作或有兴趣成为文案的朋友，不知道你认为上面的这封信与文案的工作有什么关系？事实上，文案所做的事与小男孩做的事本质相同，都是在游说别人。我们以文案推销商品，是要说服别人购买；在公众号里写一篇营销案例分析文章，是希望说服读者此营销案例值得关注；写海报文案告知消费者品牌活动，是期望通过邀请对方参与体验，说服人们该品牌值得信赖。

有一类文体叫劝说文（persuasive writing）。劝说文是由作者提出观点或主张，希望对方接受后采取行动，例如：

- 超人牌薯片超级脆，你也来一包！
- 选狗狗最爱的大地牌狗粮，才是真正爱狗狗！
- 花语牌护发系列萃取天然植物滋养，头发自然柔顺！
- 本店人气第一，你怎能不试！

我们的生活中充满这类劝说文字，推广个人品牌或商品的广告文案是其中的代表。影评、书评、乐评、竞选演讲、产品发布演讲、宗教布道等也属于劝说文。

文案是说服，写文案的是说客。

如果你天生不会游说，请勿当文案

写文案不是成年人独有的本领，人类天生便是说客。从婴儿开始，我们就拥有非凡的游说能力。每个婴儿都懂得肚子饿了要哇哇大哭，当宝宝的哭声从卧室传到厨房里，正在干活的妈妈会马上放下手中的事情，快步来到婴儿身边，给宝宝喂奶。这件日常小事，其中大有文章：

- 婴儿发出的哭声是信息，作用是"吸引"。
- 声音从卧室经过客厅传到厨房，过程是"传播"。
- 妈妈放下手中的事情，马上跑去给宝宝喂奶，是被宝宝的哭声"说服"。

生活小事往往带给我们深刻的启发。婴儿的哭声同时说明了文案工作的三个层面：第一是吸引层，第二是传播层，第三是说服层。

**你的哭声，就是
你向全球发布的
第一篇文案。**

吸引层

吸引层是文案的顶层结构。具有吸引力的文案才能有效传播，最终说服人们。宝宝的哭声能说服妈妈，原因是妈妈认识自己宝宝的哭声，同时哭声满足妈妈内心的渴求，能让她知道在卧室熟睡的宝宝的状态，并及时做出反应。从婴儿的角度看，如果妈妈没有反应，他会以更响亮的声音向妈妈发出信息，务求对方采取行动。我们可以观察到，如果要在吸引层做得卓有成效，有三个基本的要求：

- 信息必须能让对方听懂。
- 信息必须满足对方的需求。
- 信息需要根据客观的情况进行调整。

写别人能看懂的文案是最低要求，做到满足对方是更高层次，根据客观的情况进行调整

**不吸引人的文案，
免谈。**

是随时随地必须要做的事情。这三点都属于吸引层这第一关，也是最关键的一关。

从前我们更专心

在以电视与纸媒为主的年代，信息量没有那么多，我们的注意力没有那么分散，吸引对方注意相对容易。过去，信息以下图所示路径进行传播：

信息——→ 媒体 ——→ 人

信息经过媒体传达到人，这条路是单向的。文案生产信息，客户付钱给媒体进行传播。人们打开电视机，看见广告，接收信息，一部分人在不知不觉中便被说服。媒体就像一辆车，甲方将信息装上车后，车会开到人们所在的地方，将信息送到人们的眼前。

由于接收的信息量较少，过去很多人能背诵广告语，唱广告歌，听到一段旋律便会跟着哼唱，并不由自主想起某个品牌，一些广告旁白甚至成为家喻户晓的口头禅。

单向传播加上信息不多，那时文案的工作相对今天轻松得多。

时光一去永不回，专一已成过去。

吸引人难，被人吸引更难

今天，信息传递的单向路径已经不复存在，信息是在双轨道上来来往往，借助媒体与人们进行沟通。信息量的激增，令文案必须比过去更吸引人。因为在一年之间，全球产生的信息量比过去 5000 年来人类产生的信息总量还要多，换句话说，人类以 365 天的信息量击败了 5000

年来 182 万多天的信息总和。而且，信息量每年仍以惊人的速度增长，绝对不会停下来。

信息量不断增加，然而，人生依旧苦短。每天我们还是只有 24 小时，每小时仍然是 60 分钟，每分钟也只是那 60 秒。不断递增的海量信息意味着人们分给每条信息的时间越来越短，看不完只好看个大概，看文章只看标题不看内容，听歌只听四五秒马上转听下一首。我们常常说要抢眼球，便是源于信息量与注意力失衡。我们只会注意那些有吸引力的信息，不吸引人的只能枉然存在，瞬间被淹没。

世界上没有任何人的注意力能赶得上不断诞生的信息。注意力成了稀缺资源。这种资源珍贵如金，是平台与媒体的"硬通货"。经济学家提出，今天的市场不仅是商品市场、信息市场，更是一个"注意力"市场。

导致注意力匮乏的重要原因是信息的双向运行。今天的信息通过互联网平台传递给人们，同时人们将信息反馈回去。我们在淘宝和大众点评上看到的用户评价很好地说明了信息的互通，用户评价是公开给所有买家看的。如果我们再看看在微信朋友圈、微博里看到的人们对产品、服务的评论，就会明白信息不再是卖家的一厢情愿，而是在双向运行。

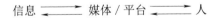

- 信息、媒体与人的沟通是双向进行的。
- 信息双向运行自然稀释其力度。
- 用户的感受比子虚乌有的创作更为可信，没有一位文案能写过一条买家的差评。
- 商业文案的工作不应限于广告推广，而应该更广泛，例如如何加强用户体验、构思品牌或新产品活动、善用用户评价作为宣传物料。一切能进行劝说的想法和文字都应该包括在内。

注意这件事，很难被注意。

- 要想与信息被淹没抗衡，文案唯有让自己的思维更敏锐，手中的笔更锋利。

传播层

我们在宝宝哭闹的例子中说到，声音从卧室传到厨房让妈妈听到就是传播。我们可以理解传播是从甲地到乙地，中间借助媒体完成。

许多人认为相对过往的电视与纸媒，今天的传播方式发生了翻天覆地的变化。我认为只要掌握好媒体的两大要义，在传播层便能以不变应万变。

媒体即手机，手机即生活

什么是媒体？用一句话概括，媒体就是人们获取信息的地方。

看淘宝的产品介绍、网剧和插播广告、快手、抖音、朋友圈，现代人绝大部分的信息皆从手机而来。

在路上看到的路牌广告，高铁车厢中的屏幕视频……在行走中，媒体无处不在。

但是，路牌广告、高铁上的屏幕没有手机那么有吸引力，是由于手机里有我们的家人和朋友的信息，有我们迫切想知道的一切：昨天下单的快递什么时候到？妈妈今天去医院的检查结果如何，瘤子是良性的还是恶性的？老板对 PPT 有什么反馈，满不满意？男朋友的面试是否顺利，他的感冒好了没有？一切信息，生活中的所有，整个世界都在手机中。

与个人相关的信息和你写的文案同时出现，相互缠绕，千丝万缕揉成一团。

文案从来离不开生活，今天更需要在生活中当一个观察家，宏观看大局，微观察细节。

文案就在生活中，人人也在生活中，看得见看不见就看你了。

媒体即终端，终端是大脑

不管是一条电视广告、一段 H5 视频、一段产品演示、一个产品命名，还是电视剧的植入广告、公众号文章、小红书，我们获得的一切信息最终都将传到我们的大脑之中。我在其他的章节已经提到，所有传播的终极媒体只有一个，那就是我们的大脑。

不管是线上还是线下，现在还是未来，每一句文案，每一条信息，都将通过不同的界面传达到我们的大脑中。

科技日新月异，今天是手机为王，未来可能是普及的传感技术、虚拟现实，它们都终以人的大脑为终点。

了解别人怎样想，做到西塞罗所说的想他所想、觉他所觉、言他所言，是文案工作的精华所在，也是其中最具趣味的地方。

成为对方，才能更好地成为自己，成功与对方沟通。

说服层

了解对方才能说服。2300 多年前，希腊哲学家亚里士多德便提出了对说服的独到见解。这位大哲学家告诉我们说服有三大元素：可信、情感和理性。

可　信

信用是说服的前提。希望自己的话被别人接受，你需要具备可信度。

可信来自本性。一个爱说谎言、弄虚作假的人不可信，人们会选择相信那些诚实憨厚、言而有信的人。

可信基于言行。你的行为塑造你的可信度，个人品牌、电商小店、国际名牌也是如此。

人们不会轻易相信陌生人。建立信用需要较长时间，但也可能在几秒钟内毁于一旦。信用是通过持续不断的行为建立的，任何时候都不能松懈。

信用是由一个人的本性，加上他的行为，日积月累建立的。

信用 = 本性 + 行为 + 时间

情　感

亚里士多德认为说服不能单靠逻辑和理性，而是需要通过情感来说服。

作为说服手段，情感既简单易懂又充分饱满。情感有欢乐、忧伤、恐惧、失望……在喜爱、欢乐和希望中品味愉悦，在恐惧与悲伤中感受痛苦，每一种情感好像都独立存在，又相互交织，令人百感交集。

有效的文案可以成功触动人们的情感，以喜怒哀乐各种情感牵动人们的心弦。

检查文案是否有效，最简单的方法莫过于看看标题与内文是否触动对方的情感。

文案要经得起情感的考验。

理　性

理性是指以测试、数据、演示等方法为观点提出佐证，用以说服。例如，实验证明：天天用牙线 3 次，可以减少蛀牙伤害 15%；吃巧克力的人比其他人快乐 72%，我们每天都要吃一点。

理性说服在我们的生活中比比皆是，也是文案常用到的手段。

讲理的文案永远占理。

可信、情感和理性高度概括了说服的三个关键要素。出色的演说家、时事评论员、保险经纪人、企业管理者，甚至淘宝店家、广告文案，想养一只金毛犬的小男孩，都逃不出亚里士多德的思想框架。我在其他章节建议的一切方法，也全被这位智者的三要素囊括其中。

文案是说服，说服有三要素，此乃文案的本质。明白了本质，得到了方法，加上刻意练习，写好文案，顺理成章。

"你想象到的一切都是真实的。"

——毕加索

第 8 章

天灵灵，地灵灵，看完灵感即降临

———————

灵感是传说中的女神缪斯吗？缪斯是谁？她到底在哪里？

缪斯是希腊神话中主司艺术与科学的 9 位文艺女神的总称。

但丁在《神曲·地狱篇》中写道：

"啊！诗神缪斯啊！或者崇高的才华啊！请来帮助我吧；要么则是我的脑海啊！请写下我目睹的一切。"

但丁说如果缪斯不来，他要祈求脑海为他记录所目睹的一切。什么是目睹的一切？但丁目睹的一切是但丁的个人经历，你目睹的一切便是你个人的经历。

我们在工作中有时会感到文思匮乏，怎么写都写不出来。工作不顺利有许多原因，很多人归咎于没有灵感。灵感真的是文案的创作源泉吗？灵感到底是什么？

你知道吗？你所经历的一切就是你的灵感来源。我认为文案的想法或灵感不是由虚无缥缈的缪斯女神赐予的，而是从一个人的经历而来。我们所拥有的知识与概念都是由我们察觉的外部事物在头脑中形成不同的感觉，然后通过内心的活动，促使我们进行反思而来的。

我记得有这样一段话："你的样子里，有你走过的路，读过的书，看过的风景。"你的人生轨迹不仅将写在你的脸上，更会成为你的知识，你的看法，你的想象，成为你写下的文案。

没有经历，就没有文案。

丅 想一想：你常常缺乏灵感吗？灵感到底是什么？

文案要有一颗八卦的心

文案在下笔前一定要清楚自己要"写什么"。一旦清楚要解的是什么题，大脑便会自动调动过往的经历，那些你曾经看过的、听过的、思考过的都会在脑子中待命。题目来了，脑子就会在仓库中检索。在紧张与放松相互交替的状态下，构思与文字会不请自来。这种理想的状态源自文案丰富的经历。经历不用是遍游名山大川，到访世界各地，而是可以来自一颗"八卦"的心。

怎样获得丰富的灵感

将别人的话变成你的子弹

文案需要八卦，需要留心聆听别人说话。文案的工作是沟通，沟通必须掌握好对方的语言。不同的人群有不同的词汇，这些词汇看似平常，但掌握好了却可以成为写文案时的思考角度，甚至可以直接使用。例如，职场男的常用词汇包括：KPI、上司、秘书、客户、业绩、加班、升职加薪、绩效压力、同事、报销……学生的常用词汇包括：教室、室友、小情绪、哈哈哈哈哈、带饭、老师、班会、学霸、喜欢谁、竞赛、无聊……妻子的常用词汇包括：优惠、追剧、儿子、老公、减肥、厨房、生活、团购、好看、收拾……

不同人群的常用词汇可以从日常生活里获得，也可以从社交媒体、电视剧、歌词中轻易获取。例如，一款男士护肤用品的文案可以直接使用职场男常用的词汇——KPI：

　　　　某某牌护肤品，跃升颜值 KPI

　　将常用词 KPI 用于描述产品功效，简单直接。我们只需对特定人群的常用词有足够的储备，需要使用的时候便可信手拈来。

　　又例如，一款给学生的小零食的文案可以使用学生的常用词汇——小情绪。

　　　　某某小零食，征服小情绪

　　小情绪可以作为这款零食的宣传主线。我们不妨深入挖掘学生的各种小情绪，创造推广内容，以动漫、歌曲、插画形式表达，制造话题，邀请学生参与进来。

　　收集词汇也是收集创意养分，是我们日常要做的功课。八卦别人的话，成为你的子弹，子弹越多，战斗力越强。**今天多听，明天就能多写**。

　　▼ 想一想: 上司、老乡的常用词汇是什么?

找找看，你对什么词汇最有感觉

　　除了八卦不同人群的日常词汇，我们还可以将自己觉得"有感觉"的词汇按人群分组，看看给谁最有感觉。

　　"有感觉"的词汇人人不同。许多人喜欢陈奕迅的歌曲《十年》，这首歌对三十岁以上的人特别有触动。三四十岁的人都开始感叹光阴似箭，对他们来说，十年是个有分量的词。

"十年"这个词是一个带有年龄性质的词，可以作为三十多岁中年男士服饰的文案切入点，也适用于汽车类、酒类、保险类的文案。

我们可以将"十年"进一步推想为：

- 人生有几个十年
- 十年以后
- 十年之前
- 十年前的你，十年前的我，十年前的他
- 十年前的那句话
- 十年前的那场雨
- 十年前的那个人

例如，以"十年前的那句话"作为文案起点，演绎出汽车品牌的视频故事脚本；由"人生有几个十年"展开一瓶酒的故事。

我们可以将词与人群对应分类，也可以自由联想。例如，将"十年"这个词与一只刚出生的小狗、一位远行的游子，甚至一把椅子联系起来，同样很有意思。自我八卦，寻找自己有感觉的词，你所获得的将是你独有的。

每个人对词汇的感觉不一样。我觉得有感觉的词汇包括：

- 风
- 袖子
- 不期然
- 哪里

- 死亡

- 孤独

你认为"有感觉"的词汇是什么？收藏各种"有感觉"的词汇，进行联想，衍生概念，日积月累，你便能轻松获得丰厚的收获。

用好你的感觉，你的文案便有感觉。

不错过身边的每一行字

生活中写满了字。路过写着"杭州包子"的小吃店，一位文案会自言自语：苏堤小吃、苏小小包子、苏大大包子、杭州包大人、西施包子、包你好吃、包里香……路过一家健身房，看见店里的玻璃窗，可以写下"天天健身更健康"；玻璃窗内是刚下班踏上跑步机的各色男女，不妨随手写下："比你忙的人都在健身，你呢？"汽车户外广告写着"激情个性"，有点不明所以，文案的脑子不停在转：改成"开出个性"？"个性"到底对不对，为什么要讲"个性"？把个性讲出来说明自己没个性……对身边的文案进行质疑，推敲，像做游戏一样有趣。

文案要八卦身边的每一行字。关注你生活中的文字，随时看，不停练，轻轻松松培养手感。还可以改写路边的广告牌、商铺的名称、街道的名字、各色海报，从中寻找乐趣。写得好不好不重要，去写去练最重要。

这样练，不好也好；不这样练，好也不会太好。

> **T** 想一想：你每天上班的路上看见了什么字，你可以如何改写？

八卦，从身边的人开始

没有观察，就没有洞察。在超市里我喜欢看大妈们买东西，看她们怎样一边挑荔枝，一边在塑料袋里把挑好的荔枝的干枝折断并握在手中，然后趁人不备利索地把手从塑料袋里抽出，将干枝扔掉，以减轻斤两。我喜欢看隔壁桌喝咖啡的女生交流，听她们聊美甲、谈网购心得。

观察人可以学会消费行为，更让我明白，于我之外存在着跟我性情迥异的人。了解人很重要，因为文案是写给人看的。我们写任何文案都需要想到目标消费群体：到底谁会买，我们需要说服谁？然而，"消费群体"是群体，群体千篇一律，难以引发想象力。如果我们能将"群体"变成"个人"，构思与动笔的时候想象一位活生生的人坐在你的面前，你与对方是在一对一谈话，那么我们会得到更深刻的感受。

东东枪的书提到一件我本来忘却的事儿。他说到有一次他写文案，需要翻译一个标题。他的原话是这样说的：

第一次意识到 idea 也需要"升维"这件事，是我刚刚做了几个月文案的时候，那时候在做一个汽车的广告，一位当时公司里的美国创意总监做了一张平面稿，画面上是一辆汽车停在一面大镜子前头，镜子里头也是这辆车。文案写的是"Meet your alter-ego"。Alter-ego 如果直译过来，是"另一个自我""知己""至交"的意思。我的任务是写一句这个文案的中文版，我就照着这句英文写了挺长时间，几十个版本吧至少，"遇见新我""遇见自己""恰逢知己"……

带我做这个项目的是非常著名的文案前辈，她看了觉得不满意，说应该还可以更好。我就接着写，"恰逢知己"不好，那么"正逢知己"呢？"巧逢知己"呢？或者想远一点，"原来你也在这里"呢？"你是你，也是我"呢？"你比我懂我"呢？"世界上的另一个我"呢？

我写得很认真，甚至是竭尽全力地试着用不同的语气、不同的风格来说这个"Meet your alter-ego"。我自己觉着"恰逢知己"就不错了，已经把意思说出来了，但当时我的领导说："别急，咱们再看看。"

然后她就在我桌旁坐下来，盯着那个画面和我写的那些备选的标题，也不说话。瞄了一会儿，她突然说："哎，东东枪，你看，这句话写'何妨自恋？'好不好？"

那个瞬间，是我做文案的初始阶段里很重要的一个瞬间，那个瞬间我的感觉是我之前熬夜都白熬了，我根本就没入门呢，不知道这个活儿该怎么使劲。

我八卦，我喜欢看人。我在奥美上班的时候午饭时间常到附近的丽晶酒店游泳，曾经好几次碰到一位鲜衣亮衫的成功男士，身上全是名牌。我发现这人有一个特殊的爱好：照镜子。这位男士喜欢从装潢华丽的电梯镜中不经意或故意侧身看自己，可能他自觉长得英俊，也许他认为自己很成功。

谁会买英菲尼迪广告中的那款车？那辆车的目标消费群体就包括那位爱照镜子的男士——高收入、愿意花钱、注重身份。东东枪手上的平面稿呈现的是一辆Acura（讴歌）停在一面大镜子前，镜中所照是镜外的Acura。广告里的"镜中车"与我在电梯里遇见的"镜中人"不期而遇，二者产生了一种难以解释的偶合。如此难得的不期而遇，让我有幸遇上了。

那一刻我静下来看着广告中的这辆车，电梯中那位男士"自恋"的样子跃然纸上。"何妨自恋"这四个字自己跑了出来，我根本没有动笔。

如果没有这个人，假如我没有碰上他，如果我不"八卦"，很难无中生有。

"八卦"对写文案的好处数之不尽，以上为真实例子之一。

少见多怪不可取，见怪不怪不可行；多见多怪，文案自然来。

> **T** 想一想：今天你遇到了谁？他有什么值得你八卦的？

八卦社会上的事儿

八卦不是关注明星绯闻、偶像消息或别人的私生活。我们要花时间去八卦优质资讯。优质资讯的威力之大，甚至能使创意和文案"不劳而获"。

前几年，迪奥推出了一件售价 710 美元的白色 T 恤，这件白色 T 恤的裁剪没什么特别之处，只是上面印了这句话：

We should all be feminists.（我们都应该成为女性主义者。）

这句话倡导积极向上、勇敢的女性主义精神。女性主义是西方的热词，近几年盛行的 #Me Too（我也是）女性反性骚扰运动即为其流变。

后来我看 Ted 演讲，发现这句话是一位尼日利亚籍女作家奇玛曼达·恩戈齐·阿迪奇埃（Chimamanda Ngozi Adichie）的演讲标题，演讲的内容是赞美女性的果敢与坚毅，同时鼓励全世界的男士向积极向上的女性看齐。

迪奥的首席设计师玛丽亚（Maria Grazia Chiuri）是一名女性。

我估计是她看到这场演讲，或是读过这位女作家以相同标题写的文章而产生共鸣，征得作家同意后把这句话变成了文案。

迪奥因八卦而发现，因发现而轻松获得想法，漂漂亮亮完成工作。此后，迪奥以女性主义为核心，办时装表演，策划香水广告宣传，推出女性主义时装系列。从优质资讯中洞悉社会风潮，根据社会风潮策划品牌推广和产品设计。

八卦，让迪奥获得了一句极具力量的文案，同时建立了品牌价值观。当消费者购买迪奥的女性主义 T 恤时，她们获得的是一种超越物质的身份。穿上写有"我们都应该成为女性主义者"的衣服，寓意着你拥有先锋思潮，个性独立，认同甚至提倡女性主义。你是一名有理想、有追求、有思想的女性。花 710 美元购买一件 T 恤显得有点昂贵，可是如果 710 美元能让一个人看起来有思想、有理想、有追求，几百美元就十分值了。

从新闻中八卦社会风潮，从社交平台中八卦流行资讯。缪斯，从八卦而来。

家事国事天下事，事事八卦。

吃就吃有营养的

西方有一句话叫"吃什么，你就会成为什么"（You are what you eat）。同样，看什么你便成为什么，听什么你就会经历什么。没有人希望自己吃垃圾变为垃圾，所以我们要把注意力放在好东西上，不要把宝贵的光阴白白浪费在垃圾中。

文案的工作需要补充多种营养，要看好的电影、好的设计，多去观赏艺术展、画展、话剧，吸收跨领域的知识。有好的养分，你便可以更轻易地将经历转化为概念，应用在你写下的每一句文案之中。

你可以这样做：

- 创建"好东西"文件夹，在里面放好的设计与照片、出色的演讲、有见地的文章、有趣的事物。
- 准备一个"好东西"本子，随时记录有趣的对话和文字，补充新词汇，不断丰富自己的储备。
- 将自己认为"有感觉"的词汇记下来，接着将这些词汇分给不同的人和不同的事物，想想这些词该给谁，与什么东西结合最有意思。

想当垃圾吃垃圾，想当辣椒吃辣椒，想当什么自己要想好吃什么。

- 读完一本书，写个简短的读书心得；看完一部电影，记录自己的感受。有时间多写，忙的话写几行字也可以。
- 你记录的点点滴滴将会成为你个人的宝贵资产，你的缪斯女神，更是让你工作顺利、表现优秀的利器。

安静在路上

安静下来观察生活是让灵感常在最便捷的方法，人人都可以做到。自己一个人出门，一个人坐车，一个人步行，带着一颗八卦的心在路上静心观察，观察到的一切将存于你的脑海中，成为你的灵感。

人只有在独处的时候，才可以安静下来聆听自己的感受，将感受沉淀。例如，现在我写到这里，思维在我经历过的时光漫步，听到窗外的风声，过去常在海边听到的浪涛声传到耳边，我的内心浮现出这些心语：

风如浪，浪如风

秒赞——文案女王 20 年创作技巧与心法

浪如春日风

春风的意外

小树林传出一片浪涛声

小树在打呼，浪花说梦话

海边是个白桦林

鸟儿在浪尖歌唱

**多热闹的文案，
也从孤寂而来。**

这段独一无二的感受，是我安静下来，让过去的经历浮现，也就是缪斯降临的明证。我们可能没有想到，原来感受如此丰富，而这一切，都来自我们见过、听过、遭受过的事。只是心中的躁动与外界的杂音干扰了灵感的到来，让我们没有意识到风声原来是浪涛。风声如浪是想象吗？应该不是想象，正如毕加索说的："想象到的一切都是真实的。"要把想象变成现实，源于我们每一天怎样过，有没有一颗八卦的心。

> **▼ 想一想：** 在你眼前的 10 米范围内，你感受到了什么？马上写下来。

写文案难不难，取决于你是否愿意丰富自己的经历。你越八卦，越善于观察，你的经历会越丰富，大脑的藏金阁便会储备更多的金子。金子越多，灵感越充沛，写文案就不会难。

"只有少数人用自己的眼睛去看，用心去感受。"

——爱因斯坦

第 9 章
传说中的心语，真没多少人知道

———————

我们的身边有一些人话比较多，喜欢跟别人聊；有的人不爱说，选择把话留给自己。许多出色的作家是后者，他们比较寡言，爱自己跟自己聊天。

例如，契诃夫留下了无数他与自己聊天的精彩内容，在其作品中俯拾皆是：

> "我答应会成为一位优秀的丈夫，可是我要的是一位像月亮一般的妻子，不会在我的天空天天出现。"

当别人问"你为什么老穿黑色衣服"时，他回答说："我正为我的人生哀悼。"

我们熟悉的李白用世间最精练的语言与自己聊到得意忘形、如醉如痴，写下流传千古的个人聊天记录：

> "问余何意栖碧山，笑而不答心自闲。"
> "弃我去者，昨日之日不可留；乱我心者，今日之日多烦忧。"
> "人生在世不称意，明朝散发弄扁舟。"

于我来说，写文案一点不困难，有时甚至觉得是享受。读史蒂芬·平克的《语言本能：人类语言进化的奥秘》，我才意识到原来"心语"一直在帮助我，让我在工作中没有负担。什么是心语？如何获得心语，让工作更轻松？这一章让我们一起聆听心中的语言。

文案即聊天，聊天人人会

无论是自己跟自己聊，还是找人聊，聊天即沟通。沟通是文案的工作本质，也是人类生存的基本需要。人是群体动物，不能不与人沟通。无数人每天花好几个小时在社交媒体上与人聊天，可见沟通的必要性。

人类天性爱沟通。两个人在一起自然而然会聊起来，天南海北拉家常。如果身边没有人，人们便自己跟自己找话说。长途汽车司机经常孤身一人在驾驶座上嘟嘟囔囔，养鱼的人隔着鱼缸玻璃与水中的游鱼说话，牧民独自在无尽的草原上也爱喃喃自语，跟自己聊上半天。

写文案跟谁聊都行，不聊就不行。

为什么我们能张嘴就来

我常常纳闷为什么人会说话。许多人以为语言纯粹是人类文明的产物，比如中国人说汉语是基于源远流长的五千年文明史，法国人用法语交流是法兰西文化的产物。通过阅读，我获得了更有意思的认识：语言，是人类的本能。

你现在看到的这些方块字，你理解每个词的词义、每一句子的所指，是源于人生下来便能发出清晰可辨的声音，人类天生具备精密复杂的语言能力。这种能力，是人类为适应沟通需要而产生的，地球上任何语种无不如此。

既然使用语言是人类的本能，沟通也是我们天生擅长的，那么以语言进行沟通的文案工作，便是利用我们天性之所长。因此，写文案是本能，应该不难，也不应该难。

天生我才必有用，人人具备语言本能。

你的"脑库"是你的宝库

除了用声音表达观念，我们还能以文字将大脑中的观念传达给他人。文字是观念的符号，而观念则来自我们的经验。

每一天我们通过各种感观接触到的事物，是以一组组排列整齐的符号存储于我们的大脑。我们的大脑就像个仓库，这个仓库可称为"脑库"。"脑库"里保存着我们从出生到现在所接触到的、保留下来的一切经验：儿时的小玩偶、上学路过的街角、妈妈的饼干罐、棉衣上的扣子、幼儿园的栏杆、同学脸上的一颗痣……你现在通过阅读这段文字接收到的信息，听到的手机铃声，看到的桌上的摆设，都会保存在你的"脑库"当中。

假如我们听闻一位十多年没见的小学同学近况，脑海中会突然浮现对方以前在教室的座位、他的小脸庞和调皮捣蛋的往事。这是由于我们的"脑库"存储了这个人的信息，保留了与他相关的片段。当我们听说这位同学的近况时，大脑里的处理器会调取脑库中的相关信息，让过往的片段浮现在眼前，令当年的一切仿佛历历在目。

与脑库互动的这个大脑处理器，配备了固定数量的反射器装置，有人将其比喻为大脑的 CPU。这个 CPU 负责处理信息，主要任务是思考。CPU 与脑库自主运作，又相互配合，让我们可以进行各种智能活动。

大脑的 CPU 连接着密集的神经纤维，能用极快的速度传递我们接收到的海量信息，而当这些信息与脑库的信息相互配合运作时，我们就会形成"内心语言"，简称心语。然后我们会通过自己掌握的外在的语言来表达内心所想，中国人用汉语，西班牙人用西班牙语，波斯尼亚人用塞尔维亚语，等等。

当我们想向他人说出自己的想法时，由于对方的注意力难以长时间保持集中，客观上我们又不可能说得太快，为了在合理的时间范围内说出心里的话，我们只能将其中一部分信息转换成外在语言，说给对方，而其他在我们心里没有说出来的话，只能靠听者自行想象。

因此，很多时候我们会觉得自己没有把心里的话好好表达出来。有些时候，我们还会责怪对方不能理解我们心里所想的。

出现这种误会，往往是由于在我们还没有张嘴或动笔、按键盘用语言表达出来之前，"心语"就已经浮现，而以文字或声音进行沟通的外在语言却没有跟上心语。当二者之间出现落差，便会产生误会。

> **T** 想一想：上次你与对方吵架，是不是因为外在语言赶不上你的心语？

将内心的思维语言——"心语"成功翻译为外在语言,是无数伟大的文学家、诗人所擅长的。例如:

登鹳雀楼

王之涣

白日依山尽,

黄河入海流。

欲穷千里目,

更上一层楼。

这是一首心语杰作。读这首诗的时候,我仿佛听到诗人王之涣的心语。橙色半圆的太阳依在绿灰带紫的横形山脉,由于逆光,远山出现了这种特殊的色彩。诗人在心中看到一道横向的群山架着半圆的落日,便写下"白日依山尽"。

黄河从远方的地平线奔流而来,前方的画面很宽阔,两边是黄土高原。黄河经过诗人的眼前,往他的身后奔去,折向大海。诗人心中看见了夕阳映照黄河,金黄色的河流奔向蓝绿色的沧海,提笔写下"黄河入海流"。

第三句与第四句是抽象的意念。画面从前两句地平线的横平突然转为上下维度。由于黄河在诗人的身后奔腾,如果想看得更远,唯有于鹳雀楼中再上层楼,大自然之恢宏壮丽,方可尽收眼底。

生于1300多年前的唐代才子王之涣就这样穿越时空向我讲述,在这区区20个汉字的背后,诗人教我看到他内心的意象,参悟他的心语。这不仅是阅读带来的乐趣,更是提升文案水平的有效训练。

心语常以"视觉"形式出现。爱因斯坦是善用心语的思考家。他曾经说过心里看见自己骑在光束上回头望时钟，还有在下降的电梯里丢下一枚硬币。他说："我很少用文字来想，我是心中先有了意象，之后才会用文字表达我心中所言。"

爱因斯坦说的意象便是心语。他的这番话，让我们明白：无论是科学研究、文学创作还是商业文案，同样需要我们善用内心的语言。

心语是隐藏的，等待你去发现。

▼ 想一想：你听过自己带画面的心语吗？你的心语跟你说了什么？

如何获得心语？

心语怕吵

获得心语的首要条件是安静，你要让自己安静下来。

大部分人都在开放式办公室上班。在开放空间工作的一大弊端是干扰太多，一旦不安静，我们就无法聆听心语。

应对这种情况的一个简单又方便的方法是利用静音耳机，屏蔽人声与其他噪声。没有声音的干扰，耳朵不分心，才可以集中精神。

心语不怕早

要营造一方宁静的天地，不一定非要找到安静的角落。我们可以用时间换空间，善用非高峰时段记录心语。

办公室一般早上9点多坐满人，你不妨清早7:45到公司，花15分钟预备一切，在宁静的环境下开始新的一天。将你要做的工作拿出来，利用早上一个多小时的非高峰时段安静记录心语。

如果早上能静下来，花一小时记录心语，收获应该不错。请把这些思维语言收集起来放进夹子。

假如工作的截止时间为明天，午饭时趁办公室人少安静，请把夹子里的思维语言拿出来，继续添加。到了下午，你就可以整理收获，开始动笔。你会发现，心语的收集，能让文案自然流露，无须太费力气。

心语是一个人的事

心语是自己与自己聊天，不需要别人参与。

请你关掉电脑桌面上的聊天工具，同时将手机放进抽屉。请勿看微信，不要上淘宝、查快递。

心语需要安静，它要告诉你很多话。如果你安静不了，心语便无话可说。

用大纸写大字

将需要写的文案题目放在眼前。拿出大张的纸，把你脑中的思维语言一一写下来。

请不要用小纸条或小本子，要用大张的纸。我的习惯是使用大张的黄色横线纸。你可以按你的喜好来，白的黄的都可以，有线无线均可。使用大尺寸的纸张是对写下来的思维心语珍之重之，方便自己检阅，让一切清晰。

使用什么笔都可以，字迹清晰易读即可。想到什么就写什么，清楚肯定地写下来。

不否定

不要判断好坏高低，不用考虑是非对错，也不用想客户会不会接受，又或者上司喜欢不喜欢。

如果浮现出的想法是图像，请把图像画下来，也可以用文字将图像描述下来。

假如是截然不同的心语，请用另一张纸记录。

在这个过程中请尽量不要使用电脑，用电脑常会不经意间使用删除键。心语不需要删除，不需要修改，只需要记录。

不跟心语接上头，难题少不了

如果大家没有认识到心语的重要性，工作中很容易产生以下困惑：

- 想了许多，又忘掉了很多。
- 想法零零碎碎，没有头绪。
- 觉得自己已经想好了，可是对自己想到了什么根本不清楚。

我们常常以为自己想好了，可是当要参与讨论或需要提交工作成果的时候才发现原来自己的想法并不清晰。觉得自己想好了，与自己真正想好了是有一段距离的。解决的办法是将心语马上写下来或者画下来，即时记录，然后对心语进行审视，这样你才能判断自己有没有想好，是否可以继续下一步工作。

马上记录还可以避免忘掉。心语经常一闪而过，如果没有及时抓住，很可能一去不复回，怎么找也找不回来。所以，记录是唯一的办法。至于想法零碎，这个不是大问题。心语经常以碎片方式出现，将碎片记下来，然后看看是否可以延展，是否能将若干碎片组装连接起来。

让你的心语有安居之处，才能运用自如。

只要有心，就有心语

为方便大家理解聆听心语的过程，现以真实案例进行说明。我曾为杜康小封坛白酒写过一段视频文案。小封坛的特点为窖藏五年。在动笔前我隐隐约约看见酒在昏暗的地窖中流淌。

于是我自问："流动的是什么？是酒吗？"

接着我问："酒是由什么酿造的？是粮食吗？"

我自答："浮云一别，流水十年。酒是时间酿造的。在地窖中流动的不是酒，是时间。"

接着，我用笔写下："地窖中流淌的是时间，原来是时间醉了，醉在地窖的酒坛中。"

笔随心动，我把心语记录下来，使用外在语言把心语翻译为：

时间，原来在这里一醉方休。

然后，我再度自问自答。如果时间是到了这里一醉方休，那么前面是否应该有一个问句。于是倒推思考写下了：

时间到底去了哪里？
时间，原来在这里一醉方休。

经过一连串的自问自答，便顺利完成了一段视频文案，水到渠成。

光阴就这样逝去如飞，

数不清的日子匆匆消逝。

时间到底去了哪儿？

是自己逃走了，

还是，

藏了在哪里？

经历五年地窖坛藏，

时间，

原来在这里一醉方休……

我将不同的心语记录下来，经过几个安静的早晨，顺利完成了手中的工作。

每个人都有"心语"，只是我们没有察觉。不知道是否因为周围的声音太响让我们听不到心语微弱的声音，还是我们自己选择让噪声阻挡心语的浮现？聆听心语，记录心语，不仅能帮我们写文案，更能让我们对身边的一草一木、一事一物有深刻的认识和感受。记录下来的心语，反过来又能丰富脑库的储存，变成思维的宝藏，像雪球一样，越滚越大。

只要有心，就有心语。聆听心语，文案不难。

"好文案要像迷你裙：足够短，才能引人入胜；

将够长，能把关键的重点囊括其中。"

——林桂枝

第 10 章

好文案都能聊，看完好好聊

写文案是遗憾的艺术。文案就像舞台演员一样，说出去的话没法收回来，即使能收回来也会产生一定的影响。所以，要么不说，要说就认真说，一旦想清楚了，自然会说得到位，不留遗憾。

写文案是沟通，与人沟通非常有趣。我边写边学，乐在其中，并有许多收获，在此分享给大家，希望对你有所帮助。

下面是有效沟通的一些要点以及对文案的启示，知道了这些，可以让大家对文案工作有更进一步的认识，工作起来也更轻松自如。

有的人是个萝卜，有的人是棵葱

有效沟通的思路：

- 别人不是你，和你不一样；有的人是个萝卜，有的人是棵葱。沟通的前提是明理，明白别人与你不同。就算你不同意对方的观点，也必须理解对方的想法。
- 专心聆听对方。一个人如果只顾自己说自己的，说明他根本没想去了解对方。
- 用心观察对方。只有了解对方，你才能明白对方的烦恼，知道他渴求什么，向往什么。

- 不要用你的经历代替别人的感受。你的朋友昨天被男朋友抛弃，跟你前年跟男朋友分手是两回事。每一段经历属于每一个个人，就像每一次分手的时间、地点、人物、原因都不一样，必须受到尊重。

对文案的启示：

1. 假如你要推广中年女士服饰，你需要知道对方的气质是什么样的。倘若你心里不接受她们，便很难了解她们内心所想，也不能明白她们心底的感性。只有尊重对方，接受她们，理解她们，才可以写出触动她们内心的文字。

2. 如果你没有聆听用户的评价，也没有看同类品牌的用户留言，说明你只是自说自话，不愿意用心理解消费者。

3. 必须用心聆听受众的语言。一位大学生告诉我，他们平常很少用"自由"这两个字，然而不少针对年轻人的推广文案都会用到"自由"。到底是否应该用"自由"，只有通过多聆听寻找答案。

4. 不要以为你会的受众都懂，你想的受众都会这样想。多想想他们知道多少，不知道的又有哪些。

想别人离开你，只需自己顾自己；自说自话，是个好办法。

5. 只要愿意安静下来好好聆听，愿意了解对方的渴求和痛点，对方会告诉你他的内心感受。当你用心聆听，文案会不请自来。请给对方让路，听他们说。

T 想一想：你身边谁是萝卜，谁是葱？还有哪位是西红柿？

难得诚实

有效沟通的思路：

- 人与人交往贵在真诚。坦诚来自不隐瞒，有什么情况如实去说。
- 坦诚来自承认自身的缺点，甚至告诉对方自己并不完美。
- 谎言与借口说起来比较方便，坦诚却需要勇气。于是，诚实有点落寞，变为孤孤单单的一个词。
- 在表面光鲜的虚幻世界，诚实更真实，更难得。

对文案的启示：

1. 不妨坦诚说自己，就像丑橘说自己丑，臭鳜鱼老实地说自己臭。我看过一个视频标题开诚布公这样写："25 岁才学舞，太过僵硬，彻底垮掉！"因为诚实，反而受到追捧。

2. 宣传推广通常以戏剧性手法表现自身的优点。在"一切皆完美"的语言巨浪中突然有人诚实地承认自己的缺点，能使人耳目一新。例如，一个亲子度假胜地的文案诚实地说："来这里，孩子玩得很嗨很开心，父母却难免有点闷。"父母在意的是孩子玩得好不好，坦诚让这段文案赢得了更多父母的信任。

诚实不容易做到，但它的好处不言自明。

> ▼ 想一想：你手中的项目有什么缺点，是否可以诚实去说，把短处变成长处？

问题要开放

有效沟通的思路:

- 良好的交流是你来我往,有问有答。
- 给对方一个开放性问题,留空间给对方回答。例如,"我没想过能这样处理,你是怎样做到的?"开放性问题能让对方感觉受到尊重,从而参与进来,加强投入感。

对文案的启示:

1. 写文案时也可以向对方提出一个开放性问题,例如用亲切的语气说:"我本来的签名也很难看,你呢?""我原来也没自信,不敢唱,你是不是和我一样?"

2. 你可以用开放性问题作为标题,用视觉提供答案。例如,一个户外露营用品的宣传文案可以用一个开放性问题作为标题:"女朋友把我赶了出来,你说咋办?"然后用一张照片或视频提供答案,照片或视频的内容是一名20多岁的男生在山上搭起帐篷,以野外为家。视觉虽然提示了答案,可是由于使用了开放性问题,让观者参与进来,从而拉近了与对方的距离,沟通也变得更生动有趣。

问题开放了,沟通的大门也同时开放。

▼ 想一想: 你有没有把沟通的大门关上,该如何打开?

一定有些东西值得你说声谢谢

有效沟通的思路：

- 与朋友交往要常存感恩之心，一定有些东西值得你说声谢谢。
- 别人对你有任何帮助，要随时随地说谢谢。
- 感谢是既简单又有力的沟通方式。

对文案的启示：

1. 顾客光临你的店，说一句"感谢你抽空到访小店，希望你今天开开心心"；顾客给你好评，在留言中必须感谢他（她）的鼓励。

请把言、身、寸组合，重复说两遍，你将收获无限。

2. 将好的用户评价加上图片作为你的网店首页，说一声："谢谢那些鼓舞我们做得更好的人。"

3. 把说声谢谢变为写文案的习惯。

又短又浅又白

有效沟通的思路：

- 与朋友聊天不是嘱咐，不用重复与啰唆，宜长话短说。
- 没有人会用深奥的词汇跟人聊天。
- 日常用语是双方共同的语言，多委婉的情感都可以通过日常用语表达。

我们来看看沈从文的散文《街》中这段朴实无华的文字：

有个小小的城镇，有一条寂寞的长街。

那里住下许多人家，却没有一个成年的男子。因为那里出了一个土匪，所有男子便都被人带到一个很远很远的地方去，永远不再回来了。他们是五个十个用绳子编成一连，背后一个人用白木梃子敲打他们的腿，赶到别处去作军队上搬运军火的案子的。他们为了"国家"应当忘了"妻子"。

大清早，各个人家从梦里醒转来了。各个人家开了门，各个人家的门里，皆飞出一群鸡，跑出一些小猪，随后男女小孩子出来站在门槛上撒尿，或蹲到门前撒尿，随后便是一个妇人，提了小小的木桶，到街市尽头去提水。有狗的人家，狗皆跟着主人身前身后摇着尾巴，也时时刻刻照规矩在人家墙基上抬起一只腿撒尿，又赶忙追到主人前面去。这长街早上并不寂寞。

这是一段聊天式的文字，是作家在自说自话。这篇短文语言简朴，意味深长，让我们感受到语言精练的力量。

对文案的启示：

1. 写文案就像跟朋友聊天一样，要以日常语言表达，必须让对方听得懂。

2. 假如写的是专业类文案，需要了解专业人士的日常用语。

3. 必须精确表达，不啰唆。好文案要像迷你裙：足够短，才能引人入胜；将够长，能把关键的要点囊括其中。**要短，只要不穿帮。**

有趣无敌

有效沟通的思路：

- 沉闷是沟通的杀手。
- 语言无味，无法交往；说话有趣的人，往往更受欢迎。
- 一个人谈吐风趣是源于他观察事物的角度。有趣的人会从不一样的角度出发，看到别人看不到的，说得妙趣横生。

对文案的启示：

1. 要做个思维活泼有趣的人，让自己活得轻松，同时让你的工作更有成效。

2. 寻找不一样的角度，是引人关注的好方法，更是让文案不难的不二法门。

我希望这一章的内容对你有所启迪，并能应用在你的日常工作中。

"我们生活在一个重力的深井，一个满布气体的星球，还天天围着一个离我们几千万里的火球在转，然而，我们都觉得这些事情平常不过。所以，人类的观点歪曲偏颇，相当正常。"

——道格拉斯·亚当斯 《困惑的三文鱼》

第 11 章

学会多角度思维，文案即刻升维

让写文案变得不难的一项关键能力是懂得多角度思维。只要改变角度，一切随之而变。

太专注于事物本身，我们只会局限在事物的某一方面，盯着一个固定的画面，时间长了人会变得麻木，甚至会陷入思维的死角，在狭隘的角落打转，找不到出路。情感、工作、人生、写文案，莫不如此。

要打破困局，不妨换个角度重新出发。

换个角度海阔天空

想好玩就要换个角度看。以下是我从奥美集团副总监罗里·萨瑟兰（Rory Sutherland）的演讲中听到的故事：

有一款滞销的小饼干，形状是个小方块。客户尝试过推新口味、换新包装、买赠促销，都不能改变销售下滑的局面。后来，他们请来一家大型广告公司，期望对方能出谋划策，帮助他们起死回生。

此时正值暑假，广告公司来了一位实习生。一天，创意总监、资深文案、美术指导在会议室抓破头皮为小方块饼干想解决方案，大家七嘴八舌，依然毫无头绪，会议室渐渐一片死寂，鸦雀无声。

实习生觉得有点无聊，把桌面上的正方形小方块无意中转了 45 度，眼前出现了个菱形。他盯着这菱形小饼干，喃喃自语说："这是小钻石。"

"小钻石"三个字打破了会议室沉闷的气氛，大家纷纷露出笑容，感谢实习生贡献的奇思妙想。接着，团队一起落实新命名、新设计、新包装和全方位的宣传方案。

广告公司提出"小钻石"方案后，客户欣然接受。于是，小方块被重新命名为小钻石，原本滞销的产品起死回生，成功突破销售困局。

这个小故事的启发良多：

- 死死盯着眼前的小方块，怎么看它也只是 4 个正方形。假如近看没什么发现，我们不妨把它转个角度，放远去看。
- 换个角度能让我们从熟悉的事物中寻找到陌生的感觉，在日常生活中发现不寻常。
- 我们都要像实习生。我们要抛弃经验与成见，告别墨守成规，像新手一样。唯有这样，正方形才可以变为菱形，菱形才有可能成为钻石。

> **阻碍我们的不是事物，而是我们看事物的角度。**

▼ 想一想：你眼前的工作是否遇到瓶颈？试试换个角度重新出发。

很多人说好文案需要跳跃性思维，所谓跳跃，就是不固定在一个地方，跳到别的角度去看。例如，要写一则高端猫粮广告文案，你会怎样写？

你会从猫的角度出发吗？

- 名猫牌猫粮，献给世界上最挑剔的猫
- 名种猫的美食——名猫牌猫粮

这样写不好玩，让我们换个角度试试。猫粮广告的文案视点是否可以不在猫上，而落在人们喜爱的另一种宠物——狗的身上。

国外有一则猫粮的经典平面广告，画面是一只名贵的小狗，可怜巴巴盯着一盆猫粮。右边是猫粮产品与品牌名称。文案的标题写道：

长大后，我要成为一只猫。

我们常常说猫猫狗狗、猫狗不如、猫三狗四，狗一直在猫的左右，只是我们没有注意而已。写这个标题的文案却注意到了，所以他把狗邀请进来，用来卖猫粮。小狗长大后希望成为一只猫，是因为这款猫粮实在太好了，具体是好吃还是用料十足，抑或营养丰富，已经不再重要。猫粮广告里有一只狗，本身就已经足够吸引眼球，后面再加上产品特点就可以顺利沟通，完成说服。

> **T** 想一想：看看人们怎样推广狗粮？试试用别的角度来写，刻意练习。

正的要反着看

换个角度是人人都能用到的妙招。我在奥美工作的时候，三全食品推出了私厨系列水饺。业务部和创意部同事品尝后都认为高端、精致是需要突出的点，于是全力朝着这个方向努力去想，用心去写。我记得当时大家写了不少文案。

客户对那些文案的态度一如既往，说不出什么不好，只提出还可以更好。负责私厨的业务总监来找我帮忙，我和其他创意人员便接手了这项工作。我坐在一位文案同事身边，用广东话说了一句"食好 D"，也就是普通话的"吃好一点"。

为什么我会这样说？这可能是直觉反应，我总觉得事情可以从不同的角度去思考。原来提出的文案"怎样精致都不过分"是从饺子的角度出发；"吃好一点"是将角度反过来，看吃饺子的人。吃饺子的人渴求什么？每天压力山大，必须吃好一点，犒赏自己。"吃好一点"是内心渴求，是生活态度，是慰藉，是同理心。坐在旁边的李诞加了一句——"很有必要"。最终，私厨的文案定为"吃点好的，很有必要"。

事情一点也不深奥，甚至可以说相当简单。我只是换了个角度，从饺子的角度转为吃饺子的人。反过来看，困局迎刃而解。

- 如果你写的文案角度在用户，不妨反转来看产品。
- 如果你的角度在产品，不妨看看对方的生活。
- 假如从功能点出发找不到感觉，可以看看如果没有这个功能点，事情会有什么后果。
- 假如正着来说不好玩，那么就尝试反过来说。
- 如果反着来说也没有出路，请出去走走放松一下，再换个思路。

东张西望，更有希望

另外一个换角度的方法是从周遭的事物去发现新的角度。东张西望，往往更有希望。

醉酒驾车是个世界性问题。全世界常见的防醉驾宣传文案大概都是如此：

- 酒后不开车，开车不喝酒
- 为了你的生命安全，请勿酒后驾车
- 爱车可以修理，生命不能重来

这些文案都是对司机说的。第一句是直白的劝诫，第二句与第三句是告诉司机生命可贵，醉驾将会产生极大的危害。

这些都没错，可是如果我们细心分析，会发现这些文案存在思维陷阱：

- 喝酒的人都知道这些道理，只是很多时候控制不了自己。
- 大部分人为什么会喝醉？朋友在一起，聊嗨了自然会喝多。
- 在聊嗨的饭桌上，这些劝诫只会被高涨的情绪、可贵的友谊淹没。

因此，以上文案是无效的。

让我们试试换个视角，看看有没有新的发现。将视角从司机身上平移到司机左右两边，便会看到司机身旁的朋友、哥们儿。那么，如果大家是好朋友，是不是应该为自己哥们儿的安全着想呢？

文案不妨这样写：

是真哥们儿，别让他酒后驾车。

这是多年前张贴在国外某酒吧的防醉驾文案。这句文案从事物的周围发现新角度，是"东张西望，更有希望"的好例子。当年还没用代驾服务，不能付费找人帮忙开车。于是，朋友就是你的代驾。铁哥们儿真的不应该让自己的哥们儿酒后开车。如果你的哥们儿喝醉了，你要拿走他的车钥匙，帮他叫辆出租车；或者自己开车，将喝醉的他送回家。

这句防醉驾文案在我心中留下了深刻的印象，教会我不少东西：

- 不要只盯着事物的主角，要看看主角身旁的配角。
- 假如从主角身上找不到头绪，要灵活变通，从他身边的配角身上想办法。
- 要关注别人写的文案，思考同类宣传已有的角度，分析别人成功与失败的原因。

配角往往比主角更有分量。

> **▼ 想一想：** 你手中的项目谁是主角，谁是配角，你可以如何用好配角？

"东张西望，更有希望"的另一个例子是国外的这个段子：

一位乞讨的盲人在公园路旁竖起了一个纸牌，上面写着"我是个瞎子"。路人对此视若无睹，没有多少人停下来施舍。一个好心人上前，翻转纸牌，为盲人写上："眼下是春天，我却看不见"。文案改写后，愿意帮助乞丐的人一下子增加了不少。

我们比较一下这两句文案的角度。

"我是个瞎子"从盲人的角度出发，直白地将事实说出来。

"眼下是春天，我却看不见"则将角度从盲人身上扩展到他身处的环境，即从一个人变为公园的环境。

文案中加上了春天，多了一个时间维度。春光明媚、百花盛开之时有一位看不见的乞丐，用春天的美好与乞丐失明的遗憾营造强烈对比。

失明的乞丐把个人的感受变成游人集体的感受。春风里的游人在游玩中遇到一位失明的乞丐，当读到"眼下是春天，我却看不见"时，游人的叹息变为怜悯，怜悯之心继而变成行动，人们慷慨解囊，文案效果立竿见影。

这句文案的出色之处在于虽然是乞丐在说自己看不见，却瞄准了人们心中最柔软的部分：看得见的游人会因为乞丐看不见而产生恻隐之心。

只有观点，没有事实；只有视角，没有真相。

所以，写文案的关键是找对角度。

> ▼ 想一想：换个角度，海阔天空，你还看到什么好例子？马上记下来作为你的脑库储备。

换个角度的核心是抛开原来的固有角度，从事物的四面八方去思考。你会发现，视角远远不止东西南北，而是有远有近，有前有后，还可以是上下左右、圆形三角、俯仰斜侧。古希腊哲学家认为几何学是锻炼思维的好方法，我觉得将几何思维用在文案上，既简单又好用。

换个角度去看，转个角度去写，文案不难。

"简单是终极的修养。"

——达·芬奇

第 12 章

你没有看错，做文案要好好 Kiss

————————

Kiss 不仅是接吻，更是生活的法则，是写好文案的要领。Kiss 法则简而言之就是简单法则，原本的目的是为拯救生命。1960 年，国外一名飞机工程师提出了 Kiss 设计理念。这个理念源于单人驾驶的喷气式战斗机一旦遇到意外，飞行员往往落单在荒山野岭，叫天天不应，叫地地不灵。这位工程师有感于此，提出喷气式战斗机的设计必须改良，应用 Kiss 法则，化繁为简，让飞行员在遇到意外时能利用机上的工具自行完成修理，一则可以拯救人命，二来可以节约金钱，避免飞机因意外而报废。

时间就是生命，时间亦是金钱。用好 Kiss 法则，不仅可以节省时间，还能带来金钱以及更多意想不到的好结果。

谁不喜欢接吻？你知道吗，Kiss 不只是接吻，更是写文案的一个重要法则，它是英文 Keep it simple & stupid 的首字母缩写，翻译过来就是"让事情变得傻傻的简单"。

简单来自舍弃。Kiss 法则的核心是"删除多余，只要最好"；成语"去芜存菁"，只消四个字便将 Keep it simple & stupid 表现得淋漓尽致。

我常常提 Kiss 法则，因为在工作中我们很容易掉进复杂的陷阱。例如，我曾收到客户对一份结案报告提出以下要求：

请从以下 10 个维度分析该宣传项目：

1. 品牌市场表现指标

2. 品牌评价指标

3. 品牌形象功能表现

4. 品牌形象情感表现

5. 传播喜好度

6. 传播促进度

7. 传播识别率

8. 品牌联系度

9. 产品关联度

10. 品牌影响力

我看到以上清单不禁笑了起来。品牌市场表现指标、品牌评价指标、品牌影响力全是大词，在没有任何数据支持的情况下，不能随便下结论；而传播促进度更是不知所云，令人费解。

我告诉客户，如果根据以上要求去胡乱编造，夸大其词，我会沦为骗子。后来我与客户详细沟通，运用 Kiss 法则，将框架简化，呈交了一份务实的报告，工作十分顺畅，客户满意，大家开心。

我们很容易被复杂迷惑，复杂令人听不懂，听不懂的事物显得深奥，深奥令人一边仰望对方，一边低头自惭形秽，不知道该如何是好。有的人不想费脑子，加上怕麻烦，干脆盲从附和。

复杂比简单简单得多。

我遇到过不少喜欢卖弄复杂的人，由于声音大到一定程度而变成了一种声音，成了发言人。在这类复杂的人身边，伴随着更多盲从附和的人，总是在点头假装听懂，而复杂的人也往往沉迷在自己的复杂之中不能自拔。说话的与点头的不知不觉完成了一段又一段云里雾里的所谓讨论，从云里走来，在雾里散会，没有任何实质结论和进展，辜负时光，浪费青春。

事实上，复杂是由于对事物缺乏了解。爱因斯坦说过："如果你不能简简单单地将一件事情说明白，说明你根本没有理解它。"

删除多余，只要最好；最好的就是有意义的。

> **T** 想一想：你是否经历过云里雾里的会议？找出原因，想办法改进。

别忘了要随时随地Kiss

只要我们用心留意，Kiss 就在我们身边。我记得在芝加哥出差期间，下午常跟同事一起出去喝咖啡。我们特别喜欢光顾办公室附近的一家咖啡厅，这里的咖啡好喝，氛围亲切又温馨。这家店有一个特别之处：咖啡的收费不分大杯与中杯，而是统一定价。附近很多白领都喜欢到这里，我注意到，人们不会因为价格统一而贪便宜喝大杯。每次我和同事三人，只有那位身高一米八的同事喝大杯，他长得壮，喝的自然比别人多。

有一回我跟服务员聊天。他说，不管其他店怎样想，他们的老板一直认为大杯比中杯耗费不了多少咖啡豆和水。除了找个借口向客人多收费，他们实在想不出大杯多收费的合理理由。员工和老板都认为大中杯分别定价是把一件简单的事情弄复杂了，客人觉得复杂，他们也感到复杂。

最后服务员跟我说："人生苦短，干吗要把生活弄得那么复杂？"

我和同事都很喜欢这家店的做法，因为他们拒绝复杂，挑战常规。从咖啡厅的角度去看，他们赔上了大杯咖啡的额外利润；但从更宏观的生意角度看，他们使用 Kiss 法则赢得了客户的青睐，生意比另一家咖啡店更红火。Kiss 法则为他们带来的不只是节约顾客与员工的时间，还有更好的业绩和宝贵的客户好评。

无论在生活还是工作中，我们都需要秉持 Kiss 法则。我记得王尔德说过："人生并不复杂，复杂的是我们，人生挺简单的，而简单的就是对的。"

Kiss 法则就是知道在什么时候、什么事情上多花时间，于什么时候、什么事情上少费时间。

> T 想一想：你身边有 Kiss 法则的好例子吗？他们是怎样做到的？简单法则带来了什么好处？

文案为什么要Kiss？

Kiss 法则对写文案至关重要，原因如下：

- 人人都觉得世界复杂，人心复杂，工作复杂，所以每个人都希望活得简单一点。简单是人们内心的渴求。
- 人们手中的信息太多，但时间有限，消化不了复杂的信息。
- 人们的注意力十分短暂，对方只会对你的文案瞄一眼。你没有第二次机会留下最关键的第一印象，机不可失，时不再来。因此，文案必须精简，没有废话。
- 你的文案需要与受众的家人、同事、老板的微信，还有网剧、新闻、综艺、偶像的信息竞争，要从这些信息中脱颖而出，文案一定要短小精悍。
- 某些商业宣传文案是在打扰别人，例如插播的视频广告、开屏广告。误闯人们的生活，还说得稀里哗啦，只会招人厌烦。
- 少比多好，从来物以稀为贵。简洁有力的文案永远比长篇大论更珍贵。

如何应用Kiss法则？

既然 Kiss 法则如此重要，那么我们在写文案的时候，应该如何应用呢？

预 写

要想获得 Kiss 法则的好处，你需要预写。

首先将你需要解决的问题清楚地写下来。先写框架，然后以清单形式整理要点或数据，认真看看每一点是否与主题紧扣。如与主题无关，请应用 Kiss 法则：删掉多余，只留最好。

花几分钟预写，可以帮助你节省因思路不清而做的无用功，有效帮助你做到有的放矢。

撰　写

1. 连接

拿出预写定下的要点，将内容顺畅地连接起来，将多余的枝叶果断删掉。写的时候集中在要点与主题上，环环相扣，让人们随着你精练的语言前进。

2. 长话短说

使用短句子。不同的要点以不同的小段表达，每小段只表达一个要点。句子宜短不宜长，表达必须清晰明了。

只保留与重点相关的文字，不支持重点的一概舍弃。例如，你需要写的要点是夏日围巾的轻薄质地，应该保留真丝混纺、疏松的编织；色彩与重点无关，必须删去。

你的时间有限，对方的时间更有限。

3. 图文并茂

如果需要表达功效或成分，可结合示意图，把复杂的道理化繁为简，方便对方理解。示意图的说明文字也必须做到言简意赅。

4. 一问一答

苏格拉底经常使用问答加结论的方式陈述观点。问与答能帮你理清思路，而且让对方感到你能想他所想。对于表达功能性的产品文案，问答能令信息清晰易辨。用问答的方式需要谨记问题必须切中要害，瞄准消费者的痛点。

改　写

完成第二步后，请休息一会儿，出去走走或喝杯茶后再看你写的文字，换换脑子，以利再战。

检　查

认真检查文案是否符合主题，是否切中要害，是否有含义不清、复杂累赘的句子。逐句检查，一删再删。

清晰的思路来自对事物的深入了解，只有明白自己要说什么，应该怎样说，才有可能删去多余，留下最好。作为文案，我们必须明白简单的力量。如果人们不明白你说的是什么，就想不起你，想不起你就不会有行动，没有行动就等于你写下的一切都是白费。

Kiss 法则，就是知道什么需要，什么重要，更重要的是什么不要。

简简单单打造用户体验

在打造用户体验方面，Kiss 法则同样值得大家参考。微软和苹果当年同时推出音乐平台，苹果的定价是一首歌 99 美分，微软是用 1 美元可以购买 80 积分，买一首歌需要 79 积分。

从数值来看，79 比 99 小，小的数值可能会导致人们产生错觉，以为微软的更便宜。事实上，如果大家认真算下来，会发现这是个数字陷阱。在微软花 79 积分买一首歌，费用是 99 美分，跟苹果的 99 美分完全相同，只是 79 比 99 听起来更便宜而已。

微软的做法完全是把简单的问题复杂化。这个复杂的收费制度，把钱先换成积分，然后用积分才能购买。我的一个美国朋友是一位社会公正斗士，当年他告诉我，微软是用积分来偷换概念，十分不地道，道德有问题。

我觉得微软的动机不见得是这样，只是它一定有些自作聪明的人，这些人提出了这个笨想法，把简单的事情弄复杂了，导致整家公司被绕了进去，绕不出来。微软的积分绝对是多余的，因此微软的音乐平台出师不利，没有苹果的 iTunes 成功。

今天，类似微软的做法在国内也十分普遍。消费者花百元面值充值后购买所需的服务或课程，平台将消费者的钱

简单来说，简单的好处就是不添乱。

变成积分或其他名堂，消费者以百元整数充值，而购买的服务往往是十位数的等值积分，于是永远有花不掉的钱留在账户中。平台只要拿用户的余额去理财生息就可以白白获得丰厚的收益。这种复杂的换分制度反映了企业的诚信。虽然他们得到了额外的收益，却失去了企业更应珍惜的东西。

> ▼ 想一想：你身边有什么简单问题复杂化的事，你觉得可以如何应用 Kiss 法则来改善？

在海量的信息世界，复杂是罪过。鲁迅先生说过，浪费自己的时间是慢性自杀，浪费别人的时间是谋财害命。删除多余，只要最好，Kiss 法则不仅能帮助文案提高工作效率，更能让你的人生减少不必要的芜杂与零乱，多些满足和愉悦。

"没有什么比洞察人性更有力量。我们要洞察天性如何主宰一个
人的行为，是什么不可抗拒的原因促成一个人的想法。
找到'洞察'，你能触动他的心灵。"

——比尔·伯恩巴克

第 13 章

洞察的洞里，到底藏了什么宝？

―――――――――

洞察在广告行是个日常词汇，人们几乎天天挂在嘴边。历史上最出色的广告文案比尔·伯恩巴克在几十年前便提出广告宣传要洞察人性，要洞察主宰一个人的行为动因，只要得到洞察，便能找到点亮黑夜的明灯，指导文案的方向。

洞察虽然如此重要，但其中的道理一点也不深奥，所以我感到必须将我懂得的相关皮毛知识与大家分享。利用数据获得洞察对今天的文案至关重要，文中以 Spotify 音乐平台作为案例，虽是国外公司的例子，但其中的道理放之四海而皆准。说实话，我实在找不到比它做得更好的例子了，唯有期望你的创作可以成为更好的案例。

你觉不觉得"洞察"有点深邃，有点神秘吗？

什么是洞察？简单来说，洞察是孙悟空的火眼金睛，他眼中射出的那两道金光能穿透事物的表象，辨出师傅头上的祥云、白骨精身上的妖气，一眼看穿对方的真身，看清事物的本质。有了火眼金睛，孙悟空在取经的路上精神抖擞，百战百胜。洞察用于写文案，同样能让你跟孙悟空一样，本领过人，受益多多。以下是洞察带来的好处：

- 洞察是一把钥匙，能帮助我们找到文案的切入点。
- 找到洞察，便能找到传播的核心。
- 洞察能触动人心。
- 洞察可以直接用在文案上，让工作更省心。

既然洞察那么神奇，那么洞察具体是什么？

不少人说，看销量与流量，看谁是买家，看性别、年龄、地域、收入便是洞察；研究消费趋势的人说，从数据中发掘引发现状的原因，从而推断未来消费走向便是有力的洞察；产品设计师认为，观察人们怎样吸尘，看到人们被电线缠绕便是洞察，无线吸尘器的设计思路便是由对用户的洞察而来。

不同人对洞察有不同的定义，我对洞察的理解如下：

- 洞察源于对人和社会的深入观察。
- 洞察具有普世价值，反映人性。
- 洞察告诉我们驱动用户购买或喜欢一个品牌的潜在原因。

有洞察，看得透。

洞察有四大元素，你了解多少？

假如我们"洞察"一下"洞察"与品牌和消费者的关系，会发现洞察具备四大关键元素：

1. 反映人性
2. 普世观念
3. 针对目标消费群
4. 与品牌匹配

洞察＝反映人性＋普世观念＋针对目标消费群＋与品牌匹配

到底什么是洞察？看个例子你就明白了。

从事广告文案的朋友都应该看过耐克的一个获奖无数的视频。这个视频从远景开始，画面中央的道路上有一个人慢慢跑向镜头，画外音传来喘气的声音。远景的人一步一步跑近，我们发现他不是职业运动员，而是一位外貌普通、10多岁的金发小胖子。他身穿一件普普通通的T恤衫，一条深色短裤，独自在跑，气喘吁吁。

画面没有音乐，只有旁白：

伟大，只是人为编造。

不知为何我们会以为伟大是一种天赋，

只赐予少数人，

只属于天才和超级巨星，

其他人只能驻足仰望。

请你忘掉这些说法。

伟大不是某种罕见的 DNA，

它不是什么奇珍异宝。

世界上没有什么比呼吸更伟大。

人人都能做到，

每一个人。

紧接着是字幕：追寻你的伟大。

这条视频的画面是一个普通不过的小胖子，旁白中暗藏了简单又深刻的洞察：

我们以为伟大只属于少数人，只有运动员才能够成就伟大。

现在让我们检查一下这个广告是否符合上面提及的四元素：

1. 反映人性：每个人都希望实现自我，成就伟大。

2. 普世观念：只有运动员才能通过运动成就伟大。

3. 针对目标消费群：世界上所有运动的人。

4. 与品牌匹配：耐克是"运动"品牌。

基于以上的洞察，广告中的小胖子告诉大家，多平凡的人都可以成就伟大，只要活着，只要运动，小胖子能，你也可以实现自我，追寻伟大。

当我们审视洞察的时候，需要问这四个问题：

1. 是否反映人性？

2. 是否含有大众认同的普世观念？

3. 是否与你的目标消费群相关？

4. 是否与品牌个性或商业目的相符？

数据是洞察吗？

不少人说数据就是洞察。数据中的浏览量、销售量、用户年龄与地域，还有平台提供的各种图表是洞察吗？

答案为否，数据不是洞察。数据为我们提供信息，只有对信息进行思考与分析，数据才能成为洞察。这个道理跟我们浏览手机中的资讯一样，如果没有将其中的含义内在化，手机中的信息就不会成为我们的知识。假如我们看见了数据而不去问为什么，不思考，知道了也是白知道。

然而，数据经过先进的人工智能运算自行分析，同样能得出某些洞察，我相信随着科技的进步，将会得到更多洞察。我不是人工智能，加上缺乏预知未来的能力，所以这里涉及的是目前人类通过自己的大脑，通过数据获得的洞察。

数据产生信息，信息经过你的思考与分析，才能成为洞察。

┳ 想一想：平台为你提供了什么数据，这些数据是洞察吗？

如何获得洞察

看见数据问为什么，从人性获得洞察

数据是洞察的重要来源，十分宝贵。用好数据，不仅可以得出洞察，甚至能直接将数据变为文案。这里以音乐平台 Spotify 为例，说明数据的力量。

从 2015 年开始，Spotify 一直利用后台的数据做洞察和写文案，进行了叫好又叫座的推广。Spotify 从后台得到数据，知道用户在哪儿听，听什么，几点听，听了多长时间，一天听了多少次。如果单看这些数据而不思考，数据只是一堆数字，只会为你总结出各种结论：多少人在听？听的是什么歌？谁是最红的歌手？哪一首是打榜歌？几点钟人流最多，他们的年龄、性别、地域分布、喜爱的音乐类型是什么？

Spotify 并未将脚步停留在数据上，而是将数据整理为信息并进行思考，于是发现一位男用户在 2 月 14 日情人节当天，听了《对不起》（*Sorry*）这首歌 42 次。我们马上会获得超越数据的有趣信息。只要进一步深入去问为什么，便能得出以下结论：

- 情人节听《对不起》42 次，此人必定在情人节孤孤单单一个人，在后悔，在挣扎，希望跟对方说声对不起挽回感情。
- 从数据中我们洞察到他没有采取行动，因为他从早到晚只是不断播放《对不起》，痴痴地想，傻傻地听。

从数据入手，归纳到人性与精神状态，我们知道这位男士只停留在后悔与回忆中，什么都没有做。

现在我们看看从数据到洞察的整个过程。

- 数据：某人，男性，19 岁，2 月 14 日一天内播放《对不起》42 次，数据包含他听歌的详细时间与定位。
- 信息：某男在 2 月 14 日情人节这天听了《对不起》42 次。
- 洞察：某男在情人节痴痴地听《对不起》42 次，没有行动。

数据本身明明白白，但需要你思考得一清二楚。

Spotify 将数据中的洞察变为一个户外大牌，标题是这样写的：

那位在情人节听了《对不起》42 次的人，你打算怎么办？

由于洞察到某位男士没有行动，Spotify 在路牌上直接向这位听众提问题，问他想怎么办。这句调皮好玩的文案是来自平台对数据的洞察，有点像福尔摩斯在研究一个门把手上留下的蛛丝马迹。

如果没有一颗刨根问底的心，不去思考，不可能写出"你打算怎么办？"这点睛之笔。我们可以检查一下，这块路牌具备了上面提到的洞察四元素。

1. 反映人性：情场失意的人总会说对不起。

2. 普世观念：说 42 次对不起不容易。

3. 针对目标消费群：年轻乐迷。

4. 与品牌匹配：用歌名，与 Spotify 音乐平台相配。

从数据中发现人性，从人性中找出洞察，只需要用心多走一步。

看见数据问为什么，从社会热点获得洞察

从数据中对应社会的热点，也是获得洞察的另一个好办法。

以下是 Spotify 在 2016 年 6 月得出的另一个数据：3749 人听了这首《我们知道世界末日已经到来》（*It's the end of the world as we know it*）。

只看数据，我们仅会知道一首歌名中带有世界末日的歌曲在某段时间的听众人数。可是，当我们想想为什么，便能发现这样的事实：2016年 6 月是一段极具争议的英国脱欧公投的日子。西方社会不少人认为英国脱欧充满未知之数，部分反对脱欧的人士更感到脱欧之日便是世界末日到来之时。将数据与社会热点连接，便会发现十分有意思的洞察，平淡无奇的数据立即变得生动有趣。

我们看看 Spotify 是如何将数据变成信息，并进一步获得洞察的。

- 数据：2016 年 6 月《我们知道世界末日已经到来》播放人数为
  3749，数据包括具体的播放时间与用户资料。
- 信息：2016 年 6 月 "英国脱欧公投" 期间共有 3749 人播放《我们
  知道世界末日已经到来》。
- 洞察：3749 名听众感到英国脱欧后就像世界末日。

Spotify 将数据变成洞察后创作了户外大牌宣传，标题为：

那 3749 位在英国脱欧投票当天听了《我们知道世界末日已经到来》的人，别泄气！

这块路牌，顺利通过洞察四元素的检验：

1. 反映人性：人们对脱欧充满担忧与恐惧。

2. 普世观念：不少人认为脱欧就像世界末日。

3. 针对目标消费群：针对比较关心时事的乐迷。

4. 与品牌匹配：用热门歌名，与 Spotify 音乐平台相配。

将手中的数据与身边的热点新闻融合，便能收获独到的洞察。

> **T 想一想：你手中的项目可以结合什么社会热点成为你的洞察？**

今天音乐平台知道我们何处何时听什么歌，真不知道未来的数据还会包括什么。我们会不会人人戴上一个手环或贴上一块微小的东西，又或者只需要与终端遥感，平台便会得到我们的心跳、脉搏、眼球反应的数据，知道我们喜欢什么，厌恶什么，到时候会不会一切都是自动推送，不需要人参与选择？

这些看似遥不可及的事情，可能不久之后便会变成事实。二三十年前人们认为卫星定位变为民用是天方夜谭，今天每个人的手机都有定位，无论你身在何处，正在听什么歌，平台都了如指掌。既然我们没法穿越到未来，没办法预见数据会演变成什么样，倒不如看看眼前的定位数据，想想这些数据可以为我们带来什么。

看见数据问为什么，从用户行为获得洞察

Spotify 从用户的定位看到以下有趣的数据：定位在百老汇音乐剧街区的某听众一年内共听音乐剧《汉密尔顿》（*Hamilton*）5376 次。

这个数据太不可思议了！天天在听，平均一天听一部音乐剧 14 遍。这是什么人？他为什么这样做？唯一可以解释的是此人很可能在剧院工作，或者他就是剧中的演员或剧务之一。

追问一些奇特的数据，可以锻炼思维，同时可以收获洞察。我们看看这条定位数据带来什么样的洞察：

- 数据：定位在百老汇音乐剧街区的某听众一年共听 5376 次《汉密尔顿》。
- 信息：一位身处百老汇音乐剧街区的听众一年共听了 5376 次一票难求的音乐剧《汉密尔顿》。
- 洞察：该用户很可能在音乐剧街区工作。

《汉密尔顿》是百老汇的热门音乐剧，一票难求是客观的事实。从洞察可以得出这位用户很可能在剧院工作。把两者结合起来，便能成为创意，轻松写出一句好玩的文案。Spotify 以数据为本创作了户外宣传大牌，标题是：

那位在歌剧街区全年听了《汉密尔顿》5376 次的人，可以帮我们买张票吗？

这句有趣好玩的文案，来自数据中的发现与猜想，当猜想变为洞察，文案顺理成章，不请自来。

让我们看看这个户外宣传的四元素：

1. 反映人性：人人都觉得一个人一年听一部歌剧 5376 次不可思议。
2. 普世观念：大家都知道《汉密尔顿》一票难求。
3. 针对目标消费群：喜欢听音乐剧的乐迷。
4. 与品牌匹配：用音乐剧，与 Spotify 音乐平台相配。

想一想：从你手中的数据可以发现什么不可思议的用户，尝试从他的行为中寻找洞察。

从表面现象获得洞察

除了数据，洞察随处可见。从微信朋友圈我们可以看到，人们热衷分享，从早餐到晚餐，从旅游到宅家，上班与下班，宠物跟小孩，自拍与合照，生日礼物与分手歌曲，事无大小巨细无遗，人们都希望别人知道关于自己的一切。进一步问为什么，我们可以判断，人们不遗余力地分享是期望换来别人的关注与重视。

每年年底无数机构会发布不同的总结报告：世界最令人敬仰的 100家公司，全球最具影响力 100 人，世界十大高校，财富 500 强，年度30 本好书等等。进一步问为什么，我们会发现年度榜单赋予获得感，让人觉得一年有回报，而且榜单具备权威性，让人感到高不可及。

每个人都喜欢分享，人人都仰望上榜的若干强，将两种现象加起来，便可以得出这样的洞察：榜单让人感到强大，在社交媒体分享令人感到自己很重要。

这两个洞察是否可以做到一加一大于二？ Spotify 做到了。

每年年底 Spotify 会为你总结个人专属音乐榜单：年度你最爱的100 首，年度你最爱的歌手，年度你最爱的歌，年度你最爱的音乐类型，你的年度音乐时长。Spotify 还会把你的榜单免费制成专属海报，方便你转发。通过分享榜单，你可以赢得别人的关注，同时与更多趣味相投的人连接。你还可以轻松方便地重听过去一年你最喜爱的歌曲，用户体验得到提升。你的年度音乐榜单为你留下了个人音乐印记，让你更喜欢这个平台，离不开它。

此外，Spotify 还运用数据为最受欢迎的歌手做了海报，在社交媒体上分享。例如，他们在 Marianas Trench 乐队的脸书上发了这样的信息：

@spotify

2017 年你有 2637192 位粉丝。

我们算过，要把他们装下温布尔登球场，需要 30 个晚上。

他们还将收集到的数据发给乐队与歌手，其中魔力红乐队（Maroon 5）收到 Spotify 的数据后兴奋地在脸书上发了以下信息：

61 个国家！

9100 万粉丝！

9400 万小时！

乐队发布信息后，赢得粉丝们更多的掌声。这些用数据写成的文案赢得无数的点赞与留言。如此一来，数据成了歌手受欢迎的证据，乐队受到鼓舞，歌迷更加开心。

Spotify 洞察到歌手需要荣誉，需要肯定，而音乐奖项的荣誉不能轻易赢得。相比之下，歌曲达到一定的播放量，比压倒所有竞争对手成为格莱美最受欢迎歌手相对容易。

洞察到歌手内心的需要，给歌手和乐队送上数据便相当于以另一种形式奉上荣誉，给他们颁奖。

数据，成为 Spotify 无须成本的奖杯，更是平台唾手可得的文案。

> **T** 想一想：看看有什么现状可以结合你手中的项目，成为你独到的洞察？

从日常生活中获得洞察

多年前强生公司做了一系列视频短片，宣传它的婴儿产品。初为父母者都有体会，小孩出生后，生活会发生巨大的改变。有了宝宝，世界好像有了新的运行轨迹，万事万物都依循孩子运行，一切以小孩为中心。

这些视频采用写实手法，真实拍摄宝宝与父母在家中的生活。以下是其中 3 条视频的旁白：

- 你不是喜欢又高又帅的型男吗？谁想到你竟然爱上这个光头小矮个？
- 还记得你以前天天花心思打扮自己，现在，你居然整天花时间琢磨如何做怪样、出洋相。
- 你不是说希望自己的人生是个大事件，谁会想到原来你一生的大事件居然是个小不点。

以上这些文案都基于一个洞察：有了宝宝，一切都会改变。

这个洞察一定来自一个人的体会。也许他是文案，也许是企划人员，也许这是他自己作为父母的亲身体验，也许是他观察到朋友或家人有了小孩后生活发生了巨大改变。对日常生活多加观察，一定会收获别人视而不见的洞察。这种洞察不寻常的能力，是创作的基本要求，也是当广告文案的入场券。

我们可以看看强生推广视频的四元素：

1. 反映人性：有了宝宝，一切都会改变。

2. 普世观念：天下为人父母者皆认同小孩带来的巨大改变。

3. 针对目标消费群：针对父母。

4. 与品牌匹配：婴儿，符合品牌业务领域。

好洞察能立即兑现为文案。强生的这个洞察直接成为文案，在每条视频的结尾出现。

> **T** 想一想：从早上起床到现在，你洞察到什么？每天记下一条你独有的洞察。

洞察是文案工作中趣味的源泉，取之不尽，用之不竭。上面提供的仅为我对宣传推广类文案的一些见解，相信你定有更为深刻的看法。

洞察需要动脑筋，动脑筋的事情都比较费神，费神的事情往往比较有意思，有意思的事情绝对值得我们投入其中。

写到这里，想起布袋和尚的那首《插秧偈》，可说是看到事物本质、最深邃的洞察：

手把青秧插满田，
低头便见水中天；
心地清净方为道，
退步原来是向前。

"这是最好的时代，这是最坏的时代；

这是智慧的年代，这是愚昧的年代；

这是信念的世纪，这是怀疑的世纪；

这是光明的季节，这是黑暗的季节；

这是希望之春，这是绝望之冬；

人们应有尽有，人们一无所有；

人们正踏上天堂之路，人们正奔向地狱之门。"

——查尔斯·狄更斯《双城记》

第 14 章
这是文案的好时代，你怎能错过？

————————

1860 年 4 月，美国创立了"驿马快信"（Pony Express），这是一支由西部牛仔组成的快递团队，服务范围东起密苏里州，西至加利福尼亚州，全长 2900 公里，共设 157 个驿站。人们从东海岸的纽约将信件交给牛仔快递哥，骑手相互接力，在马背上日夜兼程，仅需 10 天，信件即可送达西海岸的旧金山。

"驿马快信"是当年的传奇，人们对其快捷的服务赞叹不已，深信世界上没有其他邮递方式更快更好。可惜的是，"驿马快信"的存在一如它的送信速度，来去如风。次年 10 月，"驿马快信"随着横跨北美大陆的电报系统完工而迅速倒闭，消失得无影无踪。

一个世纪以前，10 天横跨美国东西海岸是石破天惊的速度；现在我们再看，10 天传递一封信简直是蜗牛爬行的笑话。不知道 160 年后，人们会不会说今天的扫码付款只不过是原始落后的交易方式，而 MCN（多频道网络）、UGC（用户原创内容）、CPC（每次点击付费广告）、SEO（搜索引擎优化）、SEM（搜索引擎营销）、CTA（商品交易顾问）、ROI（投资回报率）、AR（增强现实技术）、AI（人工智能）等眼下的热词会不会像那些曾经风光无限的牛仔，只能在人们的记忆中获得永生。

时间的流逝不仅把日子一天一天翻过，更为每个人带来深远的时代效应，比如历史潮流、时代风尚、人们随着时代改变的价值观，为我们带来了不同的品牌、不同的商品、不同的服务。

没有一件产品、一个品牌不依托时代而存在，没有一句文案不与时代相关。因此，理解我们身处的时代，对文案的工作至关重要。

每个人，每句话，每件物品，无不被打上时代的烙印。

> ▼ 想一想：分别与50后、60后、70后、80后、90后聊聊天，看看他们身上带有什么样的时代烙印。

这是我们的"泛"时代

小时候，我家的电视机放在一个高高的带门的柜子里，打开木门中间带装饰的小锁，将木门往两边轻轻拉开，电视机方露出庐山真面目，安坐其中好不威严，妈妈按下按钮，电视机才隆重开播。

电视柜像个神龛，电视中的一切，高高在上。节目主持人告诉大家，现在是广告时间，于是我们都知道用高露洁牙膏刷牙能使牙齿十分洁白，可口可乐会让我们感到无比快乐，海飞丝洗发水可以帮助穿黑外套的男士有效去除头屑，令他充满自信。

现在回想起来，电视机高高在上，并非偶然。

过去，信息的传播自上而下，带有一定的权威性。广告主说，观众来听，大部分人对广告都深信不疑。

广告主把要做的事情告诉广告公司，广告文案将销售信息变成 TVC（商业电视广告）的脚本与旁白，对消费者进行说服。广告文案的角色是广告主与观众之间的中介人。

广告主付钱给电视台、报纸、杂志，通过购买时段和版面传播信息。广告为电视台带来经济效益，所以电视台精心为广告预留了宝贵的广而告之时间；报纸杂志同样靠广告收入维持经营，因此为广告预留了各种尺寸的版面。我们可以这样理解，广告是传统媒体的默认设置。

电视为王的时代信息量不大，广告时段大家都用心观看，都能记住广告。而今天，信息主要来自手机。我们天天侍弄，随时待命，手机不可没电，不能忘带，更不能丢，绝不能错过手机里那些重要的信息。

历史上没有一个时代像今天一样，所有人的声音都能被听见，万众齐鸣。信息传播不再是自上而下，而是人传人，以水平方式，在无边无际的网络上传播。例如，我们看完官方的新闻，常有朋友发来非官方消息；看完网剧中插播的洗发水广告，微信里总有朋友介绍网红推荐的护发新系列；加上朋友生小孩、同事乔迁新居、家人购买新车，人人都要说话，都在评价，五花八门的信息从四方八面而来，无休无止。

广告主也不再高高在上，而要适应互联网人传人的水平传播方式。于是，厂家需要找更多中间人为品牌和商品说话，说服消费者。

广告文案也不再是广告主唯一的选择。网红、明星、编剧、电商掌柜、综艺节目主持人，各路英雄都可以劝说人们购买商品。于是，各路英雄都成了文案，文案成了广泛的职业。

无边无际的互联网是个开放的平台，没有给广告预留时间。我一直觉得广告在网上显得格格不入，后来才明白原来互联网没有广告这个默认设置。因此，线上广告成为最容易被用户忽视的宣传方式，因为广告干扰人们接收信息，令人感到厌烦。

对在广告公司当文案的人来说，"泛"时代意味着：

1. 你不是广告主唯一可以依托的人，很多人在跟你抢饭碗。

2. 你要拥抱改变，不能坐以待毙。

3. 你必须加强跨领域的知识与见解，刷新自我。

4. 你要善用市场学和宣传推广的基本知识，看看这些知识可以如何"人传人"。

5. 你需要在新领域积极探索，与跨界人才协同合作，互补所长。

这是文案最好的时代，也是文案最坏的时代。

▼ 想一想：为什么今天遍地文案？

对各路英雄新文案而言，"泛"时代意味着：

1. 你身处浪尖，需要抓住时机提高自己写文案的能力。

2. 你需要补充市场学和宣传推广的知识，夯实基本功。

3. 你需要使用简报去思考，善于洞察。

4. 在开展任何工作之前，需要理清思路，必须知道你要说什么，你要对谁说，你在哪里说，你要达成什么目标。

宣传推广万变不离其宗，必须掌握市场学和品牌推广的基本功。

5. 你需要主动思考手上的项目可以如何扩大影响力，做到人传人。

对于希望建立个人品牌的朋友们，"泛"时代意味着：你需要补充建立品牌的基本知识。建立个人品牌与商业品牌的道理有无数相通的地方，值得你好好借鉴。

这是我们的"精"时代

写作本书让我做了许多平常做得不多的事情，包括天天上快手、看抖音、迷 B 站，研究淘宝、京东，看各种留言、弹幕，还有细看一些只有一面之交的朋友的朋友圈。

我深深领会到每个人都不一样。有些人只在意省钱，图经济实惠；一些人希望摆阔，出手阔绰。许多人购买图书后的评价是有关物流的速度、纸张的质量、字体的大小；一些人认为完美来自一个可以调整长短的包包；更有不少人相信自我的存在源于自身拥有的物品。

看完了这些，我知道我的看法不是他的观点；他的心得我不懂；我渴望的并非他心中所想；他想得到的不是我渴求的；他喜欢蓝色，我中意白色；他喜欢钻石，我偏爱泥土。每个人都不一样，每个人想要的都不同。

"每个人想要的都不同"是大学问，明白这一点，才可以在社会中找到自己的位置，将文案写好，过有尊严的生活。

我认识一位钢琴老师，教学时声色俱厉，从每根手指的基本功狠狠抓起，不放过任何细节。这位老师是钢琴家，由于是艺术家，自然有艺术家脾气，不会顾及学生的感受。只有那些认真练琴的学生才符合老师的高要求，不至于被老师骂跑。所以，这位出色的老师的学生都能在音乐道路上有所收获，有的学生考上专业音乐学院继续深造，大部分学生都能成为业余爱好者中的高手。

老师将马马虎虎的学生排除在外，收入自然会受影响。所以，他必须比其他老师更专业、更严厉，让学生的成就更出色，确保能吸引有高水平要求的新生补上那些被淘汰掉的学生。

明白每个人都不一样，不打算讨好每个人，让老师找到了自己的位置，集中精力教导符合他要求的学生，绝不会在懒学生身上浪费时间与感情。他在自己的一方领地有所成就，受到学生的尊敬与爱戴，有尊严而骄傲地生活着。

这位老师的教学之道很好地说明了市场学中所说的瞄准目标消费群体，严肃的老师只收认真的学生，闲杂人等一概不理。今天，瞄准目标消费群体至关重要，因为商品太多，个人的自我意识膨胀，聪明的办法不是当个万人迷，而是寻找自己的一方领地，像上面的老师一样，认准自己的市场。

虽然老师的学生各不相同，但也有以下共性：

- 渴望自己在音乐道路上有丰富的收获。
- 渴望达到一定的音乐水平。
- 热爱音乐。
- 愿意天天潜心练习。

建立商业品牌、个人品牌，推广商品的道理与此一样。尊重"每个人想要的都不同"，精确瞄准市场，清晰定义，深入了解，通过洞察获知目标消费群体的共性，是让文案不难的重要途径。中国人口庞大，不需要人人都喜欢你，认准特定的一部分人对你更有利。

想要的少，往往收获更多。

┳ 想一想：每个人想要的都不同，看看你周围的人想要的是什么，有什么不同？

对想建立个人品牌的人或商业品牌主来说，"精"时代意味着：

1. 你必须考虑清楚你是希望全中国 10 多亿人都喜欢你，还是只需要 1 亿人？如果 1 亿太多，那么 500 万是否刚刚好？

2. 如果 500 万足够，那么请你集中精力去经营。收窄具体目标将会加大你成功的可能性。

3. 假如一下子做不到 500 万，先从 500 开始，发展到 5000 后再到 5 万，直到达成你的最终目标。

4. 如果你需要建立个人品牌，你一定要好好研究你的目标人群：他们到底是谁，他们几点起床，喜欢什么，他们怎样看待生活，他们与其他人有什么不一样，这个群体有什么共性，有什么共同的内心向往。

对广告文案来说，"精"时代意味着：

1. 你必须知道你要跟谁说话，因为只有目标清晰，你才可以了解他们，知道他们内心渴求什么。

2. 假如客户确认了目标是 500 万用户，我们首先要理解人们的共性是什么。这些共性可以是：

- 每个人都觉得自己遭遇不顺，同时又感到自己有点幸运。
- 每个人都认为今天的决定正确，又对过去的选择懊悔。
- 没有一个人不孤单，不觉得有压力。

• 人人都希望睡个安稳觉，工作顺利，得到别人的尊重与关心。

我们不仅要掌握这些人的共性，更需要针对特定目标小群体进行同理心思考。例如，上面提到没有一个人不孤单，可能对妈妈这个群体来说，孤单不是最普遍的共同心理，事事操心、疲惫不堪才是她们共同的感受。你需要了解目标小群体，寻找他们内心的渴求，让品牌商提供的东西满足他们的内心所需，文案的工作才算大功告成。

对各路英雄新文案来说，"精"时代意味着：

1. 你需要清晰锁定目标人群，知道你需要跟谁说话，他们的内心渴求什么，然后看看产品或品牌商所提供的是否能满足他们心中所想。

2. 同时，你要决定自己在什么领域有所成就，然后集中精力去做。无论是你手中的项目，还是你的个人目标，都需要精准、精细，避免把精力浪费在目标以外。

把精力浪费在目标之外，等于执意求败。

> ▼ 想一想：你希望自己在什么领域有所成就，你打算如何集中精力达成目标？

这是我们的"快"时代

网上曾经流行木心老师的诗句："从前的日色变得慢，车、马、邮件都慢，一生只够爱一个人。"今天一切都变得很快，还有谁写信，谁坐慢车，能有多少人一生只爱一个人？传播路径大大缩短，打开手机对方立现眼前，世界告别了相思，与此同时，品牌也跟现代爱情一样，不需要"认知"。

在电视为王的时代，广告公司的简报中常见的目标是：提高品牌认知度。新品牌没有人知道，所以需要通过广告建立认知。市场学教科书中常见的消费者路径如下：

认知→考虑→购买

过去，广告是品牌的导游。消费者通过 TVC、户外路牌、报纸和杂志广告认识新品牌或加深品牌印象，逐渐建立信任。人们不会轻易相信从未听说的陌生品牌，而偏向选择在广告中曾经见过的品牌。

过去，部分电视广告会不厌其烦地一句广告语说三遍，一条 15 秒 TVC 连续播放两遍，以密集式轰炸建立品牌认知度，希望成为消费者脑海中的默认设置。多年前的"送礼就送脑白金""恒源祥，羊羊羊"就是典型的代表。

随着互联网的发展和生产技术的进步，消费模式发生了翻天覆地的变化。一天晚上我跟广告公司的老同事见面，我问大家现在会不会因为一个广告而动心去购物？大家都低头不语，避而不谈。沉默说明了一切，传统广告所受的冲击可想而知。

今天，人们不再需要通过 TVC 或平面媒体认识一个品牌，人们与品牌之间根本不需要认识，便可以直接交易。大家在手机上看信用，看评价，看价格，看详情，看颜值，随时搜索随时买。我们会购买一些自己从未听说过的品牌的产品，今天的消费者对品牌不再"认生"，网上也没有一个品牌是陌生的。无数与用户素未谋面的人会免费在线上提供有关产品的丰富资讯，包括买家评价、网红与各路达人的推荐，还有朋友和家人随时为我们出谋划策。

广告原来起到的第一步"认知"作用，已是明日黄花。消费与传播

　　　　　　　　　　　秒赞——文案女王 20 年创作技巧与心法

模式的改变，使消费路径也随之发生变化。

麦肯锡提出的新消费路径如下图所示：

人们在网上搜索相关商品，考虑，同时评估，马上购买；购买完成，收货后评价和推荐，形成忠诚度。一切发生在瞬息之间，买东西不需要坐车到店，用不着排队等候。买家随时进入网上直播，与卖家直接交流，任何问题卖家即时回应。

假如不看直播，还可以随时找客服，无论尺寸、颜色、物流还是退货，客服随时待命，立马回复。

即时就是"快"，"快"的对立面是"慢"，所以不少人说，传统广告已死，因为传统广告像鸿雁传书，太慢了。

世界就在你手中，一切就在今天，今天不如上午，上午不如马上，马上不如立刻。

> **T** 想一想：你的网购体验是否符合麦肯锡提出的消费路径，你有没有新的见解？

我认为要先理清宣传的两个大类，才能清楚传统广告与非传统广告的利弊，以及文案在其中扮演的角色。

今天的宣传分为两大类。第一类是直销式推广。直销式推广以行动为依归，一切能以数据量化计算。例如，你在社交媒体推广宣传，用户可以直接点击下单，带来转化。第二类是品牌推广。品牌推广以品牌文化为依归，不能轻易计算成效。例如，你在机场高速旁做了一块户外大牌，希望人们记住广告中迷人的女子和香水品牌，这块路牌上没有二维码，不能点击下单转化，广告效果不能马上显现。

直销式推广为商家及时带来清晰可见的数据，用户即时下单，效果立竿见影，因此越来越受欢迎。品牌推广是慢火炖老汤，需要时间和资金投入，不能即时见效。

如今品牌推广的比例明显变小，可是它不会消失，最关键的原因是品牌推广能为品牌增加溢价能力。我们看看苹果手机在世界上众多城市的超大户外广告，以及名牌时装和高端护肤品占据全球机场的大看板，便知道这些品牌广告的效果非直销类推广可以替代。

品牌推广帮助这些品牌创造了超乎商品实用功能的价值，勾起用户内心的向往，让人们甘心付出更高昂的价钱获取广告赋予的形象和地位。

两者的区别显而易见，却又常常被人们忽视，结果导致各种混乱和困惑。在"快"时代中，"慢"有它的理由，更有其独特的价值。

> **▼ 想一想：你手上的工作是直销类文案还是品牌推广文案？两者的区别在什么地方？**

对广告文案来说，"快"时代意味着：

1. 你需要创作更多的内容，产生更多的宣传推广想法。

2. 你必须分辨清楚直销式推广和品牌推广的差异，帮助客户理清思路。分不清二者的差别，很容易造成在品牌宣传中做直销宣传的事，而在处理直销宣传的时候内心抗拒，觉得没意思。

3. 建立品牌需要客户的投资，需要时间、耐心、持之以恒。假如客户没有做品牌推广的打算，请接受客观的现实。

4. 假如客户只希望做可计算成效的直销式推广，你要知道什么数据将被计算。必须研究借鉴那些销量好、评价高的产品如何实现出色销量，它们的文案有什么值得学习的地方。向同类或相邻的品类学习，写咖啡的文案可以参看小资生活用品，写宫廷睡衣的文案可研究香水的成功例子。

对各路英雄新文案来说，"快"时代意味着：

1. 你不仅要"快"，更要"准"。不单要做到灵活快捷，同时要明确知道传播的目的、精准的消费对象、传播的核心信息。

2. 加强自己对品牌宣传推广的认识，将你的心得应用在直销类的宣传推广之中，更能为日后的品牌推广工作做好准备。

对要建立个人品牌的人或商业品牌主来说，"快"时代意味着：

1. 要掌握速度，在每个环节尽力做到即时反应，敏捷及时。

2. 你需要区分品牌推广与直销推广的区别。例如，在一条短短数秒的品牌 TVC 中，不应该罗列各种功能点，因为这是直销推广的做法。

3. 请分配好你对品牌推广和直销式推广的投入比例。你的时间、精力、金钱和情感都有限，必须用得明智，避免浪费资源。

4. 必须明白品牌建设需要时间和金钱的投入，假如你没有耐心，目前只能着眼短期收益，不如干脆不做品牌宣传。

什么都想有，什么都想要，最后可能什么都没有，什么都得不到。

这是你的时代

我们身处一个"超个体"时代，每个人都热情发声，每个人的声音都能被听见，每个人的存在都被知晓。今天是每个人的时代，更是你的时代，你要成就什么，世界等着你。

"不给脑子除草，思维便成一团乱麻。"

——霍勒斯·沃波尔

第 15 章

亲测有效，好文案都源于好简报

————

写文案，跟日常生活中的很多道理相通，其中最重要的一条是没有清晰的开始，只会带来无奈的结局。

清晰的开始来自清楚自己为什么要做这项工作，要对谁说话，要解什么题，要达到什么目的，有多少预算，有没有什么雷区要避免，是否有某些要素必须体现。

清晰的开始来自一个遥远的名词：简报。

今天，"简报"变得古老而陌生，其中一个原因是大家习惯了含糊。含含糊糊地开始工作，然后不停返工，不断增添原来没有提出的要求，加入从来没有参与项目的各色人等，在一片混乱中加班加点，最后人仰马翻。

如果你面对的是这样的状况，唯一的方法是改变。改变习以为常的"模糊"，从一份清晰的简报开始。

清晰的开始有多重要，可以从我个人的经历说起。我在奥美的时候经常出国参加国际客户的比稿。核心的创意人员大概五到六名，一般是在比稿前一个月左右从世界各地抵达某个城市的办公室，然后并肩作战。大家都是提前一天到达，第二天清早由业务与企划人员详细介绍项目，把写好的简报交到创意人员手中，然后大家开工，群策群力。

我曾参与一次国际物流公司的超级比稿。负责这个项目的是该公司的副总裁。上午9点，所有创意人员准时到达创意部的沙发区，听副总裁与大家分享简报内容。

这份简报写得不清晰，对用户观感的描述含糊其词。该项目的创意主管很直率，直接对副总裁说："这份简报没写好，尤其不清楚到底要跟谁说，他们的痛点究竟是什么。请你回去与团队重新思考，明天早上我们再开会好了。吃垃圾，只会吐垃圾（Garbage in Garbage Out）。"

这一幕给我留下很深刻的印象。"吃垃圾，只会吐垃圾"这个说法可以说相当贴切。接受含糊，容许垃圾，得到的文案除了垃圾还能有别的吗？

第二天早上，副总裁将用户明确瞄准为中小企业主，痛点是他们对拓展海外业务的恐惧与心理障碍，新简报还附上了不少访谈摘要，帮助大家理解。那天早上，我们一起讨论了三个小时，大家认真质疑、论证、争辩、和解，最终得出了一份方向清晰、能激发灵感的好简报。

清晰的开始带来了好结果，我们顺利拿下了大客户。这段经历给我很大的启发：

- 创意负责人对不清晰的简报说"不"，源于对人对己的责任以及专业的工作态度。要获得清晰，我们必须拒绝含糊，于己于人，要求一致。
- 副总裁与他的团队用了一天时间重新整理简报，节省了整个团队更多的时间，避免了不清晰带来的无穷祸害。所以，开始的时候多花一点时间理清头绪，会换来更高的效率。
- 以专业对专业，对事不对人。这个过程中虽有不快，可是专业的不快比人情的愉快更有价值，因为前者促进大家进步，最终结果完美；后者得过且过，妨碍业务发展。

不清晰的沟通是噪声，不但影响别人，也伤害自己。

▼ 想一想：你有没有对"不清晰"听之任之？

含含糊糊害人害己

很多人好像已经习惯了客户和同事含糊不清的工作要求。举个例子，某某牌吸尘机器人需要制作一条15秒的宣传视频。简报内容要求涵盖各种功能，其中包括黑科技导航系统、高端镜面屏、智能补漏续扫、控制渗水保护地板，同时要展现现代家居生活，视频要有吸引力，带互动性，有效为"双十一"引流。

人们习惯对这类工作要求照单全收，结果文案的工作只是将各项要求排个序，大家讨论的内容只是该用什么样的视觉效果来处理这份没有重点的大杂烩，什么要点必须出现，什么要点要以字幕交代，什么要点要用画外音。这种典型的"无重点"工作模式，大家都适应了，人人麻木地应付。文案默默接受这样的工作要求，只会导致以下结果：

- 群体默许的含糊阻碍了文案专业水平的提高。
- 文案渐渐变得只会按方抓药，思维被动。
- 文案对工作失去热忱，没有成就感，不满足，不快乐。

问题的表现形式是缺乏清晰的思维和明确的方向，源头是许多人不愿意认真思考。不少人说简报只是一份表格，他们这样评价简报："简报只是流程，多此一举。""下份工作单，把稿子的尺寸说清楚，把视频长短说明白就可以了。"

简报不是填表，而是发问。简报给出的往往不是完美的答案，而是深刻的提问，清晰地抛出问题，提供方向，引导文案去思考。轻视简报，文案将失去尊严和工作乐趣，甚至会感觉工作艰难。

在工作开始前弄清楚需要做什么，关系到文案自身的发展及身心健康。因此，简报不是一纸公文，不是表格，不是形式，而是帮助我们理清思维、高效工作、获得满足感的工具。

不要因别人的含糊而影响你的清晰，要用你的清晰去理清别人的含糊。

Ｔ 想一想：你对简报有没有清晰的认识？

好简报不简单

清晰的简报能够帮助文案掌握好以下关键点：

1. 生意目标

好简报鼓励我们深入了解客户的生意，知道其生意目标和市场机会。不清楚客户的生意，是没办法确定传播的目的的，也就是说，文案不清楚自己为何而写，要写什么。

2. 用户观感

好简报鼓励我们思考用户目前对品牌的观感是什么，我们期望用户得到的观感又是什么，会遇到什么障碍，可以如何清除这些障碍。

3. 传播框架

通过什么渠道，利用什么时机，能有效触达用户？传播的每一阶段，应该起到什么作用？

4. 解决方案

好简报是指南针，为我们提供方向，让我们知道要解的是什么题，并启发我们如何解题。

5. 效果评估

项目结束后，我们需要进行客观评估。衡量项目效果的关键标准是什么，是具体的下单数字，还是别的数据或其他指标？

好简报帮助文案思考以上这些重要的问题，使我们在工作中思路清晰，知道自己需要说什么，这样才能说得准确，说得精妙，才可以天天进步。

在行动中思考，在思考中行动。

> ▼ 想一想：你有没有经历过一招错，满盘输？应该如何避免？

简报的核心是发问。发问是思考之始。一切"没问题"往往是"大问题"，不发问是世界上最愚蠢、最懒惰的事情之一。

与其抱怨没有简报或者简报不清晰，不如主动发问，寻找答案。

如果你是孤军奋战，没有其他人帮忙，不如自己主动联系客户，跟客户讨论简报模板上的问题，寻找清晰的方向。

工作开始之前，争取与客户直接沟通。首选面谈，视频或见面均可，如果客户没有时间，也要通个电话。听听客户讲自己的业务，用心聆听他们的难题与需求，这样做比看别人给你的二手资料来得更好。吃别人嚼过的馍没有滋味，而且不卫生。

现场聆听与提问，既直接又直观，可以随时调整已定的方向，让事情落实得清晰与准确，还可以让客户感受你的用心，知道你在乎他的业务，真心诚意为他解决问题，从而建立双方的信任。

此外，必须了解商品。将商品样本放在自己的眼前，去品尝、去试用、去感受。

将用户画像具体化。他是谁？他多大？他过着怎样的生活？他的内心渴望什么？他有什么烦恼？你的商品和品牌可以如何帮助他，改善他的现状？

人们经常用电灯泡的图像代表创意想法，这让我想起电灯的发明人爱迪生曾经说过："5%的人思考，10%的人以为自己在思考，85%的人死也不思考。"写好文案，需要成为前面的15%。以下是供大家发问与思考的简报模板，祝大家思考愉快。

广告推广简报模板

品牌	客户的品牌
产品	产品名称
此项工作的任务是什么	清晰扼要地说明此项工作的目的
有效的传播结果是什么	客户对项目的KPI（关键绩效指标）是什么？客户是希望扩大市场份额还是开拓新市场？
工作单号	
日期	
为什么要写这份简报	这项工作的启动原因到底是什么？是新产品上市，还是改良配方，抑或是旺季促销？
目标消费对象是谁	用户画像是怎样的？请具体去想。他是谁？他多大？他过着怎样的生活？他内心的需求是什么？他穿什么衣服？他吃什么午餐？他爱听什么歌曲？他的口头禅是什么？他担心什么？他向往什么？……
我们期望目标消费对象做什么	通过这次推广，我们期望他的脑海中浮现怎样的产品或品牌？我们希望他有什么行动？
我们需要传播什么信息	什么信息能将产品或品牌与消费者建立关联？
产品数据与功能如何能让人们知晓信息	请看看有什么产品功能点可以说服用户
产品或品牌的情感资产如何能让人们感觉信息	产品或品牌是否具备情感资产，这些资产是否可以帮助说服用户？
媒体渠道	消费者在生活中会接触哪些媒体，我们的信息在什么渠道传达最有效？
背景资料	是否有相关产品或市场的补充资料可以让文案对项目加深理解？有没有一首流行歌、一部网剧可以启发创意与文案？

必要元素	有没有一些元素是必须的，如企业 Logo 及口号等
业务负责人	业务负责人名字
企划负责人	企划负责人名字
创意工作时间表	请合理安排时间
提案日期	请提早安排
方案总预算	请与客户协商总预算范围
制作预算	请与客户协商制作预算，避免因不清楚预算而提出不切实际的想法

广告推广简报模版示例

品牌	CDE 日化
产品	EFG 牌洗发护发露
此项工作的任务是什么	促使女性尝试使用新上市的 EFG 牌洗发护发露
有效的传播结果是什么	1. 传播引起轰动。2. 让女性愿意尝试新的 EFG 牌洗发护发系列
工作单号	A12345
日期	2023.3.23
为什么要写这份简报	EFG 牌洗发护发露含有一种修护因子，专门解决因经常染发而导致发质干枯的问题。CDE 日化希望通过这次宣传推广，以 EFG 牌洗发护发露全面占领因染发而发质受损的消费者市场。
目标消费对象是谁	经常染发的女性，尤其是一两个月就需要染一次白发的女性。数据表明，由于生活压力增大，近年来染白发的女性年龄从 40 岁提前到 32 岁。她们知道长期染发会令发质受损，可是为了外表，不得不经常染发。对于这种难以避免的伤害，她们感到很无奈。
我们期望目标消费对象做什么	我们期望她们知道染发不会再伤头发，EFG 牌洗发护发露可以帮助她们。

我们需要传播什么信息	EFG 牌洗发护发露，保护染后受损发质。
产品数据与功能如何能让人们知晓信息	EFG 专利技术，为染发秀发提供： ·2 倍修护 ·1.5 倍保湿 ·1.5 倍柔顺
产品或品牌的情感资产如何能让人们感觉信息	CDE 日化的品牌主张是从头开心。染发的女性是积极的女性，因为她们在乎外表，希望在他人面前呈现光彩的一面。EFG 洗发护发露倡导女性这种积极向上的乐观精神。
媒体渠道	全方位线上推广
背景资料	产品技术资料见附件
必要元素	品牌乐观快乐、积极向上的调性
业务负责人	李开心
企划负责人	黄欢喜
创意工作时间	时间表见附件
提案日期	2023.4.8
方案总预算	400 万元
制作预算	70 万元以内

　　如果大家写的是电商广告文案，可能会认为上面的模板不切实际。客户不会给那么详尽的资料，只能靠自己写，写出什么就是什么。你甚至会说，每天早上收到工作安排，中午前就要交活儿；今天下达比稿的通知，明天或后天就要交方案，怎么可能完成？！

　　我建议你安静下来，花半小时去思考简报中的问题。你也可以把简报模板发给客户，大家讨论后，安静地深入思考。花点时间思考，能为你省下大量反复修改的时间。

下面是线上互动方案的简报模板。

线上互动方案简报模板

品牌	
产品	
为什么要写这份简报	A 点是什么？即品牌或产品目前的情况如何？遇到的难题是什么？ B 点是什么？即此项工作完成后，我们期望得到怎样的结果？
品牌洞察	品牌或产品有什么物理特点？品牌或产品有什么情感资产？
消费者画像	为消费者描绘一张画像：他多大？长什么样？他的生活状态如何？他的价值观是什么？消费者族群中有没有领头羊或意见领袖？他们有什么观点与品牌或产品相关？
消费者生活洞察	洞察消费者的生活与品牌或产品之间的关系
社会文化洞察	洞察社会思潮、文化取向与品牌或产品之间的关系
品牌行动	品牌可以为消费者做些什么？为消费者带来什么？
品牌领地	与相关的消费者沟通，我们应该采用什么渠道？
传播信息	我们希望通过互动方案传递什么信息？
我们希望人们的行为做出怎样的改变	我们希望人们做什么？如果我们希望人们增加购买率，那么我们要问何时购买，为何购买？
提案日期	
方案总预算	
必要元素	

线上互动方案简报模板示例

品牌	JQK	
产品	健康低糖奶茶	
为什么要写这份简报?	A 点是什么?出发点在哪儿?出发点有什么?	这是一款低糖、不发胖的奶茶,目前市面上没有同类产品。
	B 点是什么?终点在哪儿?终点有什么?	占据低糖奶茶市场份额,成为低糖奶茶的销售冠军。
品牌洞察	品牌或产品有什么物理特点?品牌或产品有没有情感资产?	产品采用健康代糖,保持奶茶的浓香与甜度。JQK 品牌过去没有品牌口号及宣传,品牌没有情感资产。
消费者画像	为消费者描绘一张画像:他多大?长什么样?他的生活状态如何?他的价值观是什么?消费者族群里有没有领头羊或意见领袖?	白领女生喜欢叫外卖,喜欢享用下午茶,可是又怕发胖。一想到发胖,她们宁可不吃不喝。
消费者生活洞察	洞察消费者的生活与品牌或产品之间的关系	越来越多白领下班后去健身,参加瑜伽班。她们关注自己的身心健康。白领女生都怕胖,因为怕胖而节食减肥。
社会文化洞察	洞察社会思潮、文化取向与品牌或产品之间的关系	休息,工作,再工作。喝下午茶歇一歇是好事,可是人人都怕胖,人人都想减肥。
品牌行动	品牌可以为消费者做些什么?为消费者带来什么?	JQK 低糖健康奶茶倡导办公室健康新活法,让消费者在下午茶时段好好歇歇,享用不发胖的奶茶。
品牌领地	与相关的消费者沟通,我们应该采用什么渠道?	健身房、瑜伽 App、微博瑜伽大 V、办公楼电梯、JQK 奶茶杯子等。

传播信息	我们希望通过互动方案传递什么信息？	JQK 低糖健康奶茶，倡导办公室健康新活法。
我们希望人们的行为做出怎样的改变？	我们希望人们做什么？如果我们希望人们增加购买率，那么我们要问何时购买，为何购买？	我们希望白领女生每天下午 3 点歇一会，做 5 分钟简约瑜伽、冥想呼吸，喝杯 JQK 低糖健康奶茶，享受健康新活法。
提案日期	2023.4.26	
方案总预算	与客户商议中	
必要元素	品牌 Logo	

下面是电商文案简报模板。

电商文案模板

品牌	
产品	
为什么要写这份简报？	A 点是什么？即品牌／商品目前的情况如何？遇到的难题是什么？ B 点是什么？即这份工作完成后，我们期望得到怎样的结果？
品牌洞察	品牌或产品有什么物理上的数据与功能能让人们知晓信息，这些信息为消费者带来什么利益点？
品牌或产品有什么感情资产能让人们感觉信息？	品牌或产品有没有情感资产能让人们加深对产品利益点的认识？
消费者画像	为消费者描绘一张画像：他多大？长什么样？他的生活状态如何？他的价值观是什么？……
消费者生活洞察	洞察消费者的生活与品牌或产品之间的关系。他们的生活、向往和价值观与品牌或产品之间存在何种关联？他们对生活有什么感受或观点与品牌或产品相关？

社会文化洞察	洞察社会思潮、文化取向。有没有什么与品牌或产品相关？
传播信息	我们需要传递什么信息？
提案日期	
方案总预算	
必要元素	

电商文案简报模板示例

品牌	Andante	
产品	薄款围巾	
为什么要写这份简报？	A点是什么？即品牌／商品目前的情况如何？遇到的难题是什么？	天气太热了，春夏薄款围巾销量不理想，所以客户同意将薄款围巾作为秋天的宣传重点。
	B点是什么？即这份工作完成后，我们期望得到怎样的结果？	期望通过线上售出70%的存货，余下在门店出售。
品牌洞察	品牌或产品有什么物理上的数据与功能能让人们知晓信息，这些信息为消费者带来什么利益点？	真丝与牦牛绒混纺，100%天然，纯手工编织。
品牌或产品有什么感情资产能让人们感觉信息？	品牌或产品有没有情感资产能让人们加深对产品利益点的认识？	牦牛绒源自青藏高原，充满高原的自然气息。产品由青藏高原的藏族牧民工匠手工编织，以光阴织造。
消费者画像	为消费者描绘一张画像：他多大？长什么样？他的生活状态如何？他的价值观是什么？……	她们大部分是28~40岁的女性，职业女性居多，收入高，见多识广，愿意花钱，对生活品质有高要求。

消费者生活洞察	洞察消费者的生活与品牌或产品之间的关系。他们的生活、向往和价值观与品牌或产品之间存在何种关联？他们对生活有什么感受或观点与品牌或产品相关？	她们欣赏限量生产的纯手工服饰。喜欢旅游，向往欧洲名牌。
社会文化洞察	洞察社会思潮、文化取向。有没有什么与品牌或产品相关？	女性对国外名牌的向往，Andante 过去为欧洲国际名牌代工。
传播信息	我们需要传递什么信息？	以欧洲客户对 Andante 薄款围巾的正面评价为宣传重点。突出 Andante 独一无二的高原气息以及手工编织的特点。
提案日期	2023. 4. 23	
必要元素	附件中的新产品照片	

"你要让他们开心又满足，就像让他们刚逃出噩梦一样。"

——希区柯克

第 16 章

专业视频制作须知，20 分钟即学会

我刚进广告行业的时候，拍视频是件大事。前辈带我到片场，这样跟我说："一不能随便提意见；二必须根据分镜头脚本，记下每个镜头的特点，进入后期剪片时前后比较；三代表公司监督拍片是件严肃的事，必须全神贯注认真工作。一部广告片是无数人同心协作的成果，客户付出大量金钱，绝不能掉以轻心。"

今天的视频数量如排山倒海，拍片也不像以前那么严肃，然而，专业宣传视频制作的原则并没有改变。无论是 B 站宣传度很广的《后浪》《入海》，还是后来的快手宣传片《自己的英雄》，都遵循着本章提到的基本原则。

视频制作是个广泛的题目。视频有不同的种类，不同视频有不一样的制作过程，这里跟大家分享的是专业宣传视频制作的一些关键原则，不涉及 UGC（用户原创内容）的个人短视频制作。在谈及原则之前，首先让我们了解一下目前的宣传视频有哪些类型。

1. 产品演示视频

产品演示视频常见于电商平台，传统电视广告中也有其身影。产品演示的前身是街头叫卖，近代可对照"产品英雄（Product as Hero）"电视广告，一般的手法是以产品为主角讲述其功能或特色。例如，某蒸馏水经过 18 层过滤，去头屑洗发水广告中的"左边有头屑，右边没头屑"片段，肌肉关节止痛膏以动画演示药物直达疼痛点，迅速渗透。这些都属于产品演示。今天，电商店主或网红以直播演示商品的功能或特点，同样属于演示视频。

2. 电视广告

电视广告是过去大家最熟悉的宣传形式，今天也仍是各平台收入的重要来源之一。现在我们通过手机屏幕看电视广告，终端虽然不再是电视机，但其形式仍为插播，是干扰性传播。虽然无数人提出电视广告终将被淘汰，但是今天的电视广告数量依然不少，不少广告制作公司依然忙得热火朝天。我认为事情总有它自己的节奏，哪怕固定时长的短秒数电视广告被淘汰，利用视频宣传产品和品牌依然是主流的宣传手法。

3. 长视频与微电影

顾名思义，长视频以时间来衡量，一种定义是超过传统电视广告的宣传视频都称作长视频；另一种说法是干脆不叫长视频，只要不是电视广告都统称为视频。

微电影一般具备情节与故事，时长不限，以受众的接受度为准。

4. 动画

动画的形式犹如动画本身一样丰富，包括：

- 二维动画：通常在二维的平面空间模拟真实三维空间的效果，如经典动画《猫和老鼠》。

- 三维动画：又称 3D 动画，以计算机软硬件技术完成。《玩具总动员》是世界上最早的电脑三维动画，此后三维技术一直广泛应用在电影、电视剧及广告的特效制作中，制造光效、烟雾、图形、场景及各类角色。

- 动画信息图像：这种形式是将平面设计与动画结合，在视觉表现上使用平面设计的规则，在技术上使用动画制作手段。

- 定格动画：通过逐格拍摄然后连续放映，让画面中的事物充满生命力，栩栩如生。

- 白板手绘动画：集中动漫、简笔速写画的手绘元素，添加图片、旁白、文字和音乐的动画视频。

- 实拍与动画结合：将真实拍摄的素材与动画结合完成，音乐短片、广告与电影经常采用。

视频的形式数不胜数，常见的还有让人们身临其境，从画面中的每个角度体验一处地方或一场活动的 360 度视频。例如，汽车品牌可以采用这种全角度手法，以"带你去南极"宣传果敢冒险的精神；服装或饮料可以通过举办线上 360 度视频演唱会，邀请无数粉丝参加品牌或新产品宣传。

今天大部分视频仍以实拍方式进行。实拍可以是户外搭景、户外实景，也可以在摄影棚拍摄；有的请模特或演员，有的用素人，具体由片子的内容、预算、时间及需求决定。假如要继续分类还有更多形式，比如证言、病毒视频、案例视频等。

随着科技的进步，宣传视频必将呈现出更多新奇有趣的手法。然而，制作视频的基本原则不变，以下为其中的关键。

文案要有时间观念

时间是商业类视频推广的幕后主人，任何形式都要对它俯首帖耳。我们必须遵循视频本身的时长，重视制作周期。时间对每一个人都是公平的，对每条视频也一样。

文案构思视频时必须具备时间观念，必须在一定时长内完成传递品牌或商品的信息。

如果你手上是一篇激动人心的品牌宣传文案，那么这篇文案的字数是决定视频长短的关键因素。写好之后先念一下看看长短，大原则是宜短不宜长，因为需要给画面留下足够的演绎时间。

以文字形式写下的脚本，最终是以电影语言实现的。文字是文字，电影语言超越文字，声画具备，二者的时间运行轨迹完全不同。

我们在视频脚本上写下"女孩笑了"，阅读这四个字，一眼便看完了。可是，在镜头前要表现一位女孩笑了，她脸部的表情会变化，姿势会变化，一切的动态都需要耗费时间。假如女孩笑后转身回头，可能要用上三至四秒；回头后，如果女孩与男孩四目相对，你想想这需要多长时间？

表现产品道理相同。写下"尾镜见一瓶护肤精华素放在泳池边"。我们需要考虑画面中会不会有水花溅起，是否需要旁白配合，有没有字幕，字幕需要停留多长时间，旁白有多少字，需要多长时间才能念完。

电视广告对时间的限制最为严苛。以前是 30 秒为主，15 秒为辅；今天是 15 秒、7.5 秒和 5 秒为普遍时长，30 秒的电视广告越来越少见。

15 秒转瞬即逝，算上产品特写、品牌 Logo，可用的时间只有大概 10 秒，所以不可能出现复杂的情节。7.5 秒和 5 秒，两到三个镜头，一句旁白就结束了。30 秒的电视广告可以稍有余地营造情节上的转折，假如需要表现产品，时间也所剩无几。如果你需要构思电视广告，必须慎重考虑时间的限制。

此外，镜头与镜头之间需要过渡，镜头从远到近，从左到右，每一次移动，每一回交接都需要时间。

产品视频、动画等任何形式的推广视频道理相通，今天已经没有人有耐心去看冗长无趣的内容。

时间对所有形式的推广视频一视同仁，绝不偏心。假如文案没有考虑时间因素而写出超时长脚本，只会浪费人力物力，最后有失专业水平。常见的情况是客户通过了超时长脚本，制作公司进行报价，导演提出拍摄方案后，大家才意识到脚本超时无法执行，最后急急忙忙讨论应变方案，草草了事。

综上所述，制作视频时，在时间方面要注意：

- 按照一般语速，念7个字需要两秒。字数需要配合画面来考虑，必须预留足够的时间调整语气或过渡，切忌从头说到尾。
- 除非剧情需要，否则必须言简意赅，避免长篇大论。
- 感情需要时间酝酿。假如视频与情感相关，必须保证预留足够时间以充分表达情感。
- 切勿因时间不够而盲目使用快切镜头。频繁的快切镜头适用于快节奏的剪辑效果，如果片子不适合快切而碍于时间不够勉强快切，效果一定大打折扣。
- 如果对质量稍有要求，请严格管理时间，在前期做好充足的准备工作。
- 某些种类的视频需要更长的制作周期，例如精致的三维动画、实拍与动画结合的视频，文案在构思的时候必须补充相关知识，切忌想当然。

漠视时间，最后要赔上更多时间。

简洁是智慧的灵魂，冗长是乏味的枝叶。

找好制作团队对你大有好处

手机和软件方便人们轻松拍摄和剪辑，市面上有不少关于这方面的内容，故不在这里多加讨论。假如你需要找制作团队，以下提供一些参考意见：

- 视频制作方的水平对视频的质量起到关键作用。一旦定好制作团队，拍出来的片子大概是什么样子，基本上已有答案。
- 挑选制作团队需要看导演的作品集，了解导演的水平、擅长的风格。大部分导演都有自己擅长的领域，有的拿手感情戏，有的擅长特效，还有一些导演对画面构成有过人的功夫，请按照你的需求进行筛选。

- 好导演需要具备多方面的优秀素质，例如对概念的理解、对电影语言的掌握、对镜头的运用、剪辑技巧、在音乐和画面构成等方面的修养。如果文案本身对电影语言有一定认识，看作品便能轻易判断导演的水平。

- 如果预算足够，可要求制作公司提供优秀的摄影师和相关的工作人员，如食品造型师、服装师、道具师、作曲家等。

- 导演与制作团队并非越贵越好，而是以合适为好。合适的定义是在既有的预算中，寻找最适合制作该视频的团队。

- 找到合适的制作团队，做好一切准备工作，那种状态就好像还没有开拍，片子已经胜利完成了一半。

找对的人，就能做对的事。

做好前期准备工作

杰出的制作团队在前期会完成大量的工作，对场景、人物、服装、镜头、拍摄日程有充分的准备及周密的安排。

拍摄前制作方、创意及文案必须与客户沟通清楚所有细节，在拍摄前期会议中取得共识。会议的内容包括分镜头脚本、演员、服装、道具、场景、音乐、拍摄与后期的时间安排，还有拍摄所需的产品数量与具体要求等相关细节。

由于大部分视频拍摄的劳务、场景与摄影器材费用按天收费，视频拍摄有固定的天数限制，所以请尽早提出各种要求并准备好一切，不要在拍摄现场浪费时间。

拍摄时必须根据会议达成的共识进行，不能临时翻案。这不单是专业问题，更是道德问题。

简单的产品拍摄，同样需要事先做好充分准备，要做到有备无患。缺乏充足的准备与前期的沟通，往往会导致低效率、长时间通宵工作，甚至出现漏掉镜头的情况。

文案需要在整个拍摄过程中认真监督。假如经验不足，需要开放心态，听取制作团队的专业意见。

没有做好准备，只好为失败做好准备。

制作必须有备无患。"有"可以变"没有"；如果"没有"，不能变成"有"。

知道预算，一切有打算

10万元的制作费与100万元的制作费可以实现的创意不可同日而语。作为文案，需要对制作费用具备基本的概念。不知道客户的预算而盲目开始发想，到头来想出来的创意越好，你会越失落。

假设你手中的项目是关于汽车的，你构思的视频是一群外太空入侵者在雪山追逐一名男子，历经险阻，男子上了某某品牌跑车，成功躲过入侵者的攻击。你花了很长时间写好故事，到了提案当天客户才透露预算不能超过10万元，而且要求必须实拍，不接受手绘或动漫形式，任何文案都可能当场崩溃。

前期创作花掉不少时间，结果却因为客户预算太少不能如愿实现，文案难免心生抵触，最后不得不在悲痛中继续前进。前期没有与客户沟通清楚费用，白白浪费自己和大家的感情与时间，这种故事天天在上演。

所以，在项目开展之前，请与客户沟通清楚预算。如果客户没有任何概念，不妨到广告视频平台找一些视频给客户参考，了解对方的期望值。也可以通过平台联系导演或制作公司，询问相关片子的粗略报价。带着这些参考价位，约见客户，帮助对方定下预算。

最理想的预算——永远不要超出预算。

确定调性

个性鲜明的人会给人留下深刻的印象，视频同样需要清晰调性。为视频写下形容词，等于为视频定下了基调和人设。基调清晰，客户与制作方都会得到明确的方向，对大框架达成共识。

作为文案，在制作视频之前，要想好人设，设定视频的调性。你手上的视频是幽默风趣的还是温暖感人的，是轻松的还是权威的，片子的节奏是明快的还是舒缓的，这些都要在制作前考虑清楚。

一条幽默风趣的视频，需要用心着力去表现幽默的点子。假如期望视频温暖感人，我们就要考虑如何用对话、旁白、情节、镜头、音乐、场景去营造感人的气氛。假如片子的调性是温暖感人，除非剧情有特殊要求，否则我们不能挑选一首节奏超强劲的音乐。同理，制作视频时的各种道具、服装、场景、灯光，都应该根据人设来确定，任何人都不应忽视调性，也不能随个人喜好挑选。

没有鲜明的个性，人就像掉进茫茫人海中，无影无踪。

心中无别物，只有取景器

视频的画面呈现在取景器内，而不在拍摄现场。无论场景如何富丽

秒赞——文案女王 20 年创作技巧与心法

堂皇，道具多么精巧瑰丽，只会在取景器中体现。所以，请集中精力看取景器。

文案在监督拍摄的时候必须注意取景器内的画面，不在取景器中的事物均不是重点。例如，画面只呈现一张小茶几，茶几边上有一盆花在取景器外，这花是红的还是黄的，是面向镜头还是背着镜头，都无关紧要。

许多经验不足的新导演喜欢在取景器外做文章，花大量时间来处理不在镜头中的事物，这样只会消耗自己的精力，浪费别人的金钱。

一些制作团队喜欢花时间营造大场景来讨好没有拍摄经验的客户，实际能用上的只是其中一个角落。建议大家多加注意，避免浪费客户的资金与大家的时间。

请勿浪费时间去赶走镜头外的那只蚂蚁。

不围绕核心信息必定瞎忙

提炼核心信息是策略思考，表现核心信息是创意功夫。构思任何视频脚本文案，最重要的是定义核心信息，一切围绕核心信息构思和执行。

电商平台的产品视频看似简单，也必须弄清楚信息的主次。将主要的信息放置在前，次要的放在后。假如时间与预算允许，先准备视频脚本，列清楚每个镜头的内容；如果预算不足，也需要在拍摄前与制作团队预先沟通拍摄内容。

例如，要制作一条礼盒装的产品视频，我们需要提前考虑核心信息是礼盒中的食品品类丰富，还是礼盒设计精致得体，抑或是价位超值。

假如核心信息为品类丰富，那么一定要提前考虑应用什么镜头与拍摄角度能突出丰富的品类，如何摆放能凸显量多，是否需要使用字幕加强效果，应该用什么字体，字幕应放在什么位置，字幕的位置会不会影响实拍的画面构成。

假如精美礼盒是关键，要考虑如何表现其精美，礼盒应该放在什么质感的桌面，是否需要以其他摆设映衬，是否需要近景拍摄让用户看清楚局部细节。

拍摄前思考清楚，拍摄时会更顺利，更高效，也更轻松。

短视频的品牌或产品宣传时长不一，手法多样，然而，核心信息永远是中心点。例如，宝宝洗衣液的核心策略是专为宝宝定制，能去除顽固污渍。将核心信息锁定为宝宝专用，将创意核心信息锁定为"宝宝尽情玩，妈妈不怕脏"，便可以创造一系列有趣可爱的短视频。

天生爱玩的宝宝爱满地打滚、玩泥巴、玩蜡笔，爱将食物洒在衣服上，爱拿起东西往自己身上涂抹……将这样的片段拍成短视频，可以配合旁白：爱玩自然容易脏，越爱玩，越聪明，聪明的妈妈用某某洗衣液。

除了品牌与产品宣传，企业宣传片同样离不开核心信息。

如果企业已有品牌口号，不妨从品牌口号出发定义核心信息。

假设一家医药企业是以"人与健康"为核心，可以"人"为着眼点，讲述企业生产的药品如何帮助人们活得更健康。

我们可以考虑用真实的个案为骨架，以讲故事的方式，让冷冰冰的药品车间、先进的科研手段产生积极的意义。视频可以围绕一些真实的故事，将企业的理念揉进其中。在构思视频与撰写旁白的时候，要紧紧围绕人的生命展开。

核心信息的提炼来自洞察，来自对受众的分析，来自对品牌与产品的深入理解，来自对受众的渴望及品牌的承诺有清晰的认识。

先清楚"说什么"，接着考虑"怎样说"。

够不够有意思，决定了人们看不看

今天的视频创意给了文案更多创作空间。人们追求的是有意思、具有娱乐性的视频。娱乐性不局限于搞笑，温暖的、刺激的、悬疑的、怀旧的全能娱乐大众。至于内容是什么，是个开放题。

当文案，开放是最保守的原则。

例如，护肤品牌不一定只能出现缓慢的镜头、美美的画面，也可以是幽默的，甚至是科幻的。只要将品牌与产品的核心信息定义清晰，在传播上统一调性便可以。最终，视频是否有意思，观众看不看才是第一关。

娱乐有各种形式，不同形式的视频需要不一样的专才。要写幽默好玩的内容，段子手比大部分广告文案更具优势。如果要讲述一段半小时的故事，编剧比广告文案更拿手。开展视频工作的时候，与合适的专才合作是聪明的做法。

合作不是委托，而是以别人之所长补自己的不足。

抽象思维必须落实到直观画面

不少文案写视频文案时缺乏画面感，主要是由于没有画面感的文字人们照样可以理解。文案在写的时候如果脑海中没有想象具体的画面，即使能写出来，也很难拍出来。

举个例子，文案为房地产项目的视频写了以下创意：

一朵花到处寻觅，希望找到自己的理想家园。
花儿经过了许多地方都觉到不理想，

最后到达了某房产项目，终于绚丽绽放。

花儿到处寻觅是文字描述的意象。通过视觉语言表达，我们需要考虑：

- 这朵花儿到底怎样去寻觅它的理想家园？是它自己懂得走路，还是有人手中捧着一朵花到处寻找，抑或是有人捧着一盆花到处帮它寻觅呢？
- 花儿经过了许多地方，那么这些地方在哪儿？是城市的街角，还是楼高30层的密集小区？画面该如何表达花儿觉得不满意，是花儿在摇头，还是花儿上面出现一个泡泡，上面写着"不"？
- 花儿到达地产项目所在地，找到了理想家园，最后绚丽绽放。我们用什么办法表现它绽放的过程？是从视频库找素材，还是通过电脑特效或动漫完成？

花儿的创意落在文字上充满诗意，但当考虑视觉语言和拍摄方案时，便会发现其中的难度，甚至会质疑这样的文字脚本在低预算、制作周期短的情况下，是否能顺利完成。

无数广告视频制作盲目上马，最后陷入深渊，经常是错在起点，错在文案在构思的时候没有做到"心里有画"，错在视频脚本没有清晰的画面描述，更大的错误是许多文案以为能写下来便能拍出来。

文案如何培养自己的画面感？多看好电影，加强自己的视觉修养，培养自己对电影语言的掌握。同时，不妨阅读画面感丰富的文学作品，例如美国剧作家阿瑟·米勒创作的《推销员之死》两幕剧，画面感十分强。作者对人物的动作与姿态有详尽的描写，甚至对音乐、灯光、场景、道具也有细致的刻画。我个人很喜欢看连环画小说，例如尼克·德纳索（Nick Drnaso）的作品便是精美的分镜头脚本，还有大家熟悉的电影《守望者》（*Watchman*），原著的连环画亦十分精彩。将思维图像化，是文案不可或缺的能力，缺乏这方面的能力，做出好视频无从谈起。

写视频文案，要心到，手到，更重要的是眼里看到。

写广告词要学会调动元素

广告视频围绕核心信息铺陈，广告语是核心信息的提炼。不管视频长短，广告词并非独立存在，必须紧扣核心信息，与画面相互呼应。

先从画面意象出发，后加文字描述，根据视频模板写下或画下，最后以广告语总结传播信息。一旦大脑中出现画面意象，广告语会自然流出，跃然纸上。

举例来说，我们要为好奇纸尿裤创作视频广告，核心信息是好奇纸尿裤舒适贴身，让宝宝活动自如。视频内容的构思为活泼好动、穿上纸尿裤的小宝宝到处捣蛋，尽情玩耍。

我们可以采用不同的句子总结，可是核心离不开以下几点：

- 宝宝活动自如
- 宝宝玩得好开心
- 让宝宝玩得痛快

围绕以上信息，我的一位文案同事田静将广告语写为："好奇宝宝玩得好！"宝宝玩得好是产品赋予的核心利益点，好奇是品牌名自身拥有的资产。"好奇宝宝玩得好!",既能描述活泼好奇的宝宝玩得开心,又能指出穿上好奇纸尿裤的宝宝玩得尽兴。

以上这种方法就是调动元素。

要调动元素,先要找出所有相关元素。元素可能在画面中,也可能在已定的核心信息、品牌名字、调性、利益点或视频的情节中。例如,上面的广告语"好奇宝宝玩得好!"便调动了好奇品牌的名字、画面感以及产品赋予的核心利益。

调动元素是方法,需要刻意练习。练习需要时间与耐心,不可能一蹴而就。掌握好核心信息,以核心信息为起点向各个方向发散,尝试用不同的句式表述,在这个过程中不要否定,想到什么便写什么,最后定会大功告成。从练习中慢慢掌握手感,渐渐便能培养判断力,懂得好坏高低。

可用的元素正等着你,你还等什么?

视频模板是必须的

许多文案在构思电视广告的时候都会使用电视广告模板,不仅图文并茂,还能为工作理清思路。模板中左边一栏为画面描述,中间是画面的勾线草图,右边写上对声音的描述。后来,大部分文案与美术编辑都偏向以文字描述情节大纲,使用图片或视频作为参考,为的是提案比较容易通过。但这种方法对提高文案的画面感形成了障碍。

使用图片或视频参考提案,让客户更容易理解创意概念,无可厚非。提案可用参考照片与视频,但在工作中,建议文案使用上面提到的模板。使用视频模板的目的是运用工具培养画面感。不懂得画画不要紧,画下来让自己明白即可。尤其是对时长有严格规定的视频,建议文案必须根据模板自己分镜头。短秒数的视频能放下多少情节，仅用文字描述会带来极大的偏差，采用故事模板，在中间勾出画面，能让文案心中有数。

视频模板的另一优点是使文案在构思的时候能考虑声音。在模板的中间画下分镜，在右边写下对声音的描述，例如旁白应该在什么地方出现，内容是否紧扣画面，声音与画面是否配合，一目了然。如果能在声音栏中写下音乐的大致风格，在构思的时候考虑片子是使用欢快悠扬的旋律，节拍强劲的电玩，还是深情慢板的弦乐，有没有人声陪唱，更能为片子定下节奏与基调。

模板的形式如上面的描述，大家可以自己动手做一个，让自己在构思的时候声画兼顾，利用居中的画面空格强迫自己养成视觉思考的习惯。

工具不论新旧，只分好用与否。

别对声音不闻不问

声音是许多视频比较弱的一环。事实上，我们拥有一流的声音资源，包括专业的配音演员、作曲家、录音师。由于大部分人对声音不太重视，造成专业人才不能发挥专业的水准。

很多制作公司为了节省成本，对视频的声音处理得比较马虎。事实上，声音是视频十分关键的部分。声音的节奏相当于人的心跳，没有节奏就像一个人没有心跳；节奏混乱，相当于人的心律不正常。音乐配合声效与旁白，能赋予视频律动，给予视频生命力，剪辑师可以根据律动进行剪辑，一切井然有序。

节奏如此重要，以至不少人喜欢用有节奏感的电玩音乐作为背景配乐，配合画面丰富、镜头繁多的视频。节奏明快的电玩音乐方便剪辑，听起来有现代感，一般不会引起客户的不满。因此，这类音乐成为许多广告视频的标配。但标配的不足之处是千篇一律，没有新意。

如果预算足够，广告视频的音乐最好量身定制，请专业的作曲家为视频谱曲。假如预算不足，可从相关音乐网站挑选及购买音乐。选音乐，靠的是制作团队和文案的音乐修养。天天听音乐，培养良好的乐感和敏锐的听觉，很有益处。

旁白是声音的另一重要组成部分。专业的配音演员能够根据画面的节奏掌握语速，配合情节调整语气和调门，令视频生色不少。国内有一流的旁白，可惜的是，一部分广告与宣传视频没有产出一流的声音。如果找到专业的人才，好好聆听他们专业的意见，比盲目否定和不断要求，能收获更理想的效果。

简单的产品视频也需要关注声音的质量。假如视频是由主持人介绍产品，在挑选主持人时请同时挑选声线。我在网上看到不少糟糕的例子，声音质量之低，令人感慨。只要在录像的时候稍加用心，便可以避免令人难受的回声；演示的时候多在意一点，就不会出现不恰当的语速。

我们有一双眼睛两只耳朵，不应厚此薄彼。

综上所述，文案在处理视频项目时请谨记以下几点：

- 前期准备是视频制作的重中之重。不要在拍摄的时候才准备，在该准备的时候休息。
- 掌握核心信息是必须的。不清楚核心信息而盲目推进，只会浪费人力、物力、财力和时间。
- 清楚视频的客观时长以及最优时长，切忌放进过多内容。

- 能写下来不一定能拍出来，文案必须了解文字表述与视觉表达的差异，培养自己的画面感，避免出现无法实现的空想。
- 必须清楚制作预算与周期，避免不必要的失望与挫折。
- 为视频定好调性，找个形容词来描述它。
- 制作前与各方的沟通一定要充分，这是产生好结果的必要前提。
- 拍摄现场认真监督，以免后悔及补拍，为自己增加不必要的麻烦。
- 声音为视频定节奏，赋予视频心跳与生命力，不可掉以轻心。

"口齿伶俐、能言善辩是了不起的艺术，更为了不起的是知道什么时候要闭嘴。"

——莫扎特

第 17 章

提案 7 宗罪，老实说你有没有涉嫌？

有歌不能唱，有书没空看，有恋爱没时间谈，加班到半夜没完没了码 PPT 是不是你的日常？将宝贵的青春献给 PPT 实在有点不值当，让我们一起看看有什么办法可以更快更好地写提案文件，让提案还给我们点青春，多给我们留些时间。

写提案文件与写标题有相通之处。二者都是沟通，沟通有甲方与乙方，是双方的事，所以我们可以利用前面提到的思考方法来处理提案文件，在动笔前考虑以下要点。

你在跟谁说话？

你的提案是给谁看的，是一个人还是一群人？

观者对提案内容是否熟悉，能否掌握相关的背景，能不能理解其中的术语？

如果对方不了解背景，你需要在提案中有所考虑，如需要，提供相关附件加以补充。假如对方已对背景十分熟悉，请不要在文件中重复，以免浪费双方的时间。

你在跟谁说话？这是一个看似简单却经常被忽略的问题。我参与过无数的广告方案提案会议，看过无数复制粘贴客户资料的文件，浪费时间与感情。假如你没有为客户的资料提出具有建设性的分析与观

提案精要勿重复，
把握客户知多少。

点，请勿无效重复。

对方在什么地方看提案？

你的提案是给一个人当面看，一群人在会议室看，还是通过微信发给个人或群组看？他们在什么地方阅读，关系到文件的内容。

如果当面递交提案，文字必须十分精简。提案中的文字是为了简明扼要地表达你的观点与看法，让对方专心聆听你的陈述。人们坐在会议室不是为了阅读提案文件，而是为了听取你的心得与观点。

假如不是当面递交提案，而是发给对方审阅，那么文件需要适当调整，在不需要自己当面陈述的情况下，让对方自行阅读即能理解。

通常情况下是当面递交提案，会议结束后留下文件供对方参考。请准备两份文件，一份为当面提案的精简版本，另一份附件提供更详尽的资料。

见面不见面，看见看不见，效果不可同日而语。

你的提案的目的是什么？

对方为什么要听你的提案？他期望从中获得什么？你是希望提出一

个推广方案，说服对方接受；还是汇报项目进展，总结季度数据？你的提案的目的是否与对方的需求相契合？

这个问题看起来很简单，却经常容易犯错误。无数人花了无数的时间做提案文件，做好了才发现不是对方需要的，答非所问，白白浪费光阴。

想想别人要听你的什么，你就清楚要说什么。

你提案的主题是什么？

每个提案都需要一个主题。将提案的内容浓缩为主题，人们自会一目了然，例如：

- 2020 第一季销售数据分析
- 如何创造极致用户体验
- 社交媒体 10 个大趋势
- 快乐牌饼干创意提案

一份文件只包含一个主题，两个主题需要两份文件，如此类推。写的时候永远要围绕主题，如果发现当中有其他主题需要探讨，请另起文件，切勿让提案超负荷。

文件如人，切勿超负荷。

第一印象太重要

如果是竞标提案，请在文件第一页列明你公司的名称及你的名字，精要即可，不要啰唆。很多公司在提案的最后才介绍自己，没有考虑客户在听完提案后已经筋疲力尽，不会再有精力听你自我推销。

因此，自我简介必须放在前面。第一眼的印象是最深刻的，开场一定要漂亮，令人一见难忘。

在第一页用问句的标题方式做个互动开场，能吸引对方看下去。例如：

- 如何让你的品牌成为传奇故事？
- 怎样才能让老干爹牌辣椒一炮而红？

这样的开场，比常见的自杀式竞标提案法高明。自杀式提案常常是冗长的文件再加 5 页的公司简介，让人大脑缺氧，眼角出水，强打精神点头应付，到最后一个字都没有记住。

竞标提案的终极目的是拿下项目，接下来与客户甜甜蜜蜜天天开会，互相深入了解。冗长绝对影响第一印象，导致客户在会议结束之前就已忘掉你。

假如不是竞标提案，用问句的标题方式暖场，也是一个好方法。例如：

- 竞品威胁到我们了吗？
- 这个月我们做了多少生意？

提案文件是贩卖观点的一种手段。如果你能清楚知道对方的需求是什么，并在提案文件的开头提出来，将会增加会议的互动性，加强提案的吸引力。哪怕是日常提案，轻松的开场也可以让气氛更融洽，工作更顺畅。开场后以清单形式列出提案的议程大纲，让对方掌握会议的时间长短，预设好期盼值。

第一眼看不上，基本上就不用再说了。

T 想一想：你上次的提案是怎样开场的，可以改进吗？

要点需要讲逻辑

定好主题后马上搜集所有资料，逐一整理为要点，排列先后次序。

找要点的做法与做海报整理卖点相同，需要运用理性与逻辑。

要点有时候是从个别到总体的递进式归纳论证，有时候是平行并立的论述，最后得出若干条结论或总结。在列要点的时候，思考一下需要应用什么逻辑，能让你的工作更有效率、更顺畅。

如果要点与主题无关，请当机立断，马上删掉。

找出要点后马上用精炼的文字表达出来。写好之后再三检查，果断删除多余字眼。

　　精简前：第一季度商品销售数据

　　精简后：第一季销售数据

　　精简前：竞争对手在卖场进行落地推广活动，抢占市场份额

　　精简后：竞品卖场推广抢份额

　　精简前：线下360度全方位推广手段

精简后：线下 360 度推广

人们选择 PPT 而不看 Word 文档，是为了节约时间。写提案文件，节约用字是节约时间的重要手段。所以要点必须浓缩，长话一定短说。

好文件讲道理，坏文件胡搅蛮缠。

> **T** 想一想：拿出你上次的提案文件，看看文字是否够精练。

要点之下有论据

每个要点的论据是什么，必须清晰写下。

充分有力的论据才能支持要点，空泛而牵强的论据只会影响效果，必须舍弃。最简单的方法是检验要点与论据之间是否存在因果关系，是否因为有了某个论据而导致某个要点。如果二者不存在这重关系，需要审慎考虑是否保留该论据。

要点是骨，论据是肉。没有骨，便散架；没有肉，只剩骷髅。

要把舞台留给自己

切勿使用完整的句子表达论据，不要将你在会议中要讲的话完整地写进文件中，因为你不是站在屏幕前读提案文件。如果你将所有内容都写进提案文件，人们看见文件便能很快读完，不会再听你说下去。

提案文件不能以长句子书写，更不应写成大的段落，满眼是字。

PPT 的优点是一目了然，所以必须简明扼要；缺点是信息量有限，不能铺叙陈述。

PPT 字数宜少不宜多，信息贵精不贵多。我们必须做到简明扼要，文字要做到一个字都不能多，才能发挥 PPT 的优势，真正用好它。

使用点句（bullet point）是一个罗列论据与内容的好办法。点句的优点是条理分明，方便理解。

- 点句的文字必须精简，删除多余，只留必要。
- 每张 PPT 不能多于 4 个点句。
- 如果你有 6 个点句，请放两张 PPT。
- 多添一张 PPT 不用花钱，也花不了多少时间，却能换来清楚明晰的好效果。

只有把观点交给对方，舞台才会留给你。

简洁是最低要求，亦是最高标准

使用图片能使文件更有看头，让内容更有趣生动，同时为文字增添分量。请在适当的地方加上合适的图片，让文件更吸引人。

假如采用颜色背景，可用黑色背景配浅色的字，或是白色背景配深色的字，力求清晰、反差不刺眼。背景不要采用渐变色彩或过于复杂的图案。

字体最好只用一种，不要超过两种，不要使用立体字，字体无须加边，不要加阴影。

如果不是专业平面设计师，请不要浪费时间在无谓的花哨与装饰上。

太多便太满，太满则必反。

提案文件的版式，简洁是最低要求，亦是最高标准。

完美收官

最后逐句检查，若有赘字长句，一律删除，要一删再删。

如果文件内容比较多，可以在文件的结尾做个总结，让对方记住提案的关键信息很有益处。

假如需要对方采取行动并与你联系，可直接写上提取文件的链接和联系方式。

附上自己的一张有趣的头像也未尝不可。

本部分内容本不属于文案的范畴。基于我在工作中经常看到令人挠头的提案文件，所以加上这个小章节与大家分享。上面提到的是一些正面的建议，下面列出提案文件7宗罪，让我们互相监督。

提案文件7宗罪

第1罪：铺天盖地都是字

不能满眼全是字。清晰的 PPT 每页不应超过 5 行，如使用点句，不要多于 4 点。

第2罪：说什么就写什么

请勿将你在提案中要说的每句话都写进文件。如果人们看到的与听到的一样，谁还会听你说？

第 3 罪：迷迷糊糊、稀里糊涂

提案文件的目的不清晰，没有在开头说明，也没有在总结中交代清楚。结果对方不知道该看什么，你也不清楚自己要写什么。

第 4 罪：观点论据互相找不到

观点必须有论据，论据必须有理有据，充分为观点佐证。

第 5 罪：沉闷得让人哈欠连天

沉闷是失败之母。伏尔泰不厌其烦地告诉我们："沉闷的秘密是事无巨细，全盘端出。"

第 6 罪：复杂到让人想自杀

颜色过多，特效过多，字体过多，像在打内战，一切在互相干扰中倒下。

第 7 罪：只想给自己看

写给自己看容易看得太近，导致图表复杂看不明，字体太小看不清，自说自话没人懂。

后　记

我是不记年月的人，对时间从来没有清晰的概念。忘了是哪一年，奥美广告给我颁了20年纪念金牌，这才恍然知道自己在这家公司工作了那么长时间。我从香港奥美到北京是90年代某年的一个小雪天，印象中好像是刚过春节正式上班，成为奥美北京第一任创意主管。两年后我离开，先后到了当年几家赫赫有名的4A广告公司当创意主管，分别是智威汤逊、达彼思与盛世长城。之后我到了上海，后又转回北京，重归奥美。

我记得当年重回奥美，跟集团的大领导宋秩铭先生面谈，提出自己不想到奥美广告当创意部主管，而希望去奥美集团旗下规模较小的公司。在4A广告公司，只要一个人具备相当资历，公司都会让他晋升为主管。一旦成为主管就进入了管理层，主要的工作不外乎点评创意，安排人事，处理员工的升职加薪，参加集团的各种会议，出席大客户的提案，管理各种碎事。当一个人被这些事儿占得满满当当，便会失去创作的时间，根本无缘做大事，从事自己热爱的工作。小公司人少，管理工作很轻，自然能让我回到具体的创意文案工作当中。

精明的宋先生断然拒绝了我的要求。我只好重操旧业，又当起创意部主管，每天被上面提到的事情压得喘不过气。幸好几年后上天眷顾，我害了一场大病，顺势向公司提出由于健康理由，不能胜任原职位，要求公司让我当首席文案总监，卸掉许多麻烦事，可以名正言顺创作文案。

我一直留在广告行业的唯一原因是我喜欢写文案。文案的工作让我学会如何思考，懂得用谋略看世界，知道如何欣赏身边美好的事物，还可以借工作之名去做人们在业余时间才能做的事情，例如上班时间看电影、听音乐、翻看设计书、聊闲篇儿。

更何况写字是人生快事。文案的工作虽是为达成客户的生意目标而进行商业创作，我却常常借客户的金钱去表达自己心中所想，借纸练字。这类事情往往是不经意的，要不然在道德上有点说不过去。

有时候路过一块广告牌，看见自己做过的项目、写过的一句话出现在大街上，便意识到原来自己那么幸运，竟然能在大庭广众之下短暂留下自己的思想痕迹。一句文案的背后埋藏着我对生活的感悟，对世界的看法，这些看法与感悟也许来自某个下午我读过的一本书，某个人对我说过的一句话，或者那些尘封在思维角落的零星碎片。通过商业资本能在闹市中与自己的思想不期而遇，哪怕只是轻轻一瞥，也让我感到神奇诧异，感到这职业不一般，是世间难求的好工作。

在此必须补充一点，通过出街作品表达自我并非常态，这种情况少之又少。我以为许多从事商业创作的同行对工作产生怨言，其中的关键原因是把出街的作品看成工作的唯一成果。事实上，只要我们把文案创作的成果重新定义，便会减轻负面的想法，工作带来的愉悦俯拾皆是。

我一直采用鲁迅先生创立的精神胜利法。我认为文案创作的工作成果并非作品出街，出街的作品牵扯甚广，创作的原貌经常大打折扣。于我而言，当文案的工作成果不在于实现想法，而在于诞生想法。

文案的收获是每一天每一时在工作中浮现的每一个构思，写下的每一个字，能想出来并写出来就已经足够美妙，哪怕这些想法或文字可能基于一些莫名其妙的原因没机会呈现在客户面前，或是项目突然被叫停，又或者不被审批通过，等等。我觉得没实现的想法不被干扰反而能保留它的价值与纯粹，想法实现后变得面目全非往往是更大的遗憾。所以，不管最后结果如何，都不会影响我从创作过程中获得乐趣，我的愉悦从不被这些破事打扰。

此外，广告文案的肚子必须是个杂货铺，从业人员要具备多方面的基本素养：视觉审美、音乐修养、对社会思潮的认知、对人性的理解、逻辑分析能力、驾驭文字的基本功等等。这些知识与技能都是我渴望学会并掌握的，更是我喜欢的。就我个人来说，如果不是当广告文案，我哪儿有机会学习电影语言，怎么会涉猎画面与配乐的关系，更没有机会认识一些优秀的设计师，学会欣赏字体设计，懂得看画面构成。当广告文案，让我起码都学会了一点点，哪怕是皮毛，也会令自己欣慰，这是幸福的另一面。

写文案令我醉心的还有永远在设想跟对方谈话，在一对一聊天，就像我现在看到你坐在我的面前，你仿佛是当年的我。你似乎知道什么是品牌，又好像不大清楚；你对写文案毫无头绪，不知道灵感何时降临；你的工作量排山倒海，正苦恼从哪里可以找到便捷的写法作为参考；从来没去过摄影棚的你，不知道拍宣传视频该注意什么；你要写人生第一张海报，却不知道怎样开头。

感谢你赋予我这个机会，给我提出那么多的疑问，让我知道你心中的困惑，督促我寻找赶走这些烦恼的方法。

我不会骗你说写文案很容易，因为如果事情太容易，就没什么意思；我也不会告诉你写文案很简单，因为如果事情太简单，人人都能做到，你我的价值何在?

我希望通过阅读书中的内容, 加上你的刻意练习, 你能收获当文案的乐趣, 并由衷地说出: 文案不难。

林桂枝

致　谢

书中的观点并非全为我个人所创，特此感谢快手、抖音、B 站的各位 UP 主，淘宝、京东及其他电商平台无数的卖家和买家的启发，以及以下网站及作者的指导：

www.hupspot.com

www.forbes.com

www.neilpatel.com

www.copyblogger.com

www.meduim.com

www.quicksprout.com

Rory Sutherland. *Alchemy: the Dark Art and Curious Science of Creating Magic in Brands Business, and Life.* William Morrow, 2019.

Steven Pinker. *The Language Instinct: How the Mind Creates Language.* Penguin Books, 2015.

Faris Yakob. *Paid Attention: Innovative Advertising for a Digital World.* Kogan Page Stylus, 2016.

Seth Godin. *This is marketing: You Can't Be Seen Until You Learn to See.* Portfolio Penguin, 2018.

Simon Sinek. *Start with Why: How Great Leaders Inspire Everyone to*

Take Action. Portfolio Penguin, 2019.

最后感谢为本书写序与推荐的东东枪、宋秩铭、叶明桂、邓志祥、张艾嘉、李诞、李智、王家杰、陈思诺、颜祖；感谢中信出版集团的编辑赵辉与张飚的全力支持。